CONTEÚDO DIGITAL PARA ALUNOS
Cadastre-se e transforme seus estudos em uma experiência única de aprendizado:

Entre na página de cadastro:
www.editoradobrasil.com.br/sistemas/cadastro

Além dos seus dados pessoais e de sua escola, adicione ao cadastro o código do aluno, que garantirá a exclusividade do seu ingresso a plataforma.

2743269A4258392

Depois, acesse: **www.editoradobrasil.com.br/leb**
e navegue pelos conteúdos digitais de sua coleção :D

Lembre-se de que esse código, pessoal e intransferível, é valido por um ano. Guarde-o com cuidado, pois é a única maneira de você utilizar os conteúdos da plataforma.

CB037201

MARIA CRISTINA G. PACHECO
- Pesquisadora licenciada em Pedagogia e Artes Plásticas
- Professora de Espanhol e Inglês em instituições de ensino de São Paulo
- Autora de livros didáticos e paradidáticos para o ensino de línguas estrangeiras
- Pioneira na formação de professores de Espanhol para brasileiros

APOEMA
ESPANHOL 6

1ª edição
São Paulo, 2019

Dados Internacionais de Catalogação na Publicação (CIP)
(Câmara Brasileira do Livro, SP, Brasil)

Pacheco, Maria Cristina G.
  Apoema espanhol 6 / Maria Cristina G. Pacheco. – 1. ed.
– São Paulo: Editora do Brasil, 2019. – (Apoema)

  ISBN 978-85-10-07766-8 (aluno)
  ISBN 978-85-10-07767-5 (professor)

  1. Espanhol (Ensino fundamental) I. Título. II. Série.

19-28159   CDD-372.6

Índices para catálogo sistemático:
1. Espanhol: Ensino fundamental 372.6
Iolanda Rodrigues Biode - Bibliotecária - CRB-8/10014

1ª edição / 3ª impressão, 2022
Impresso na HRosa Gráfica e Editora

Rua Conselheiro Nébias, 887
São Paulo, SP – CEP 01203-001
Fone: +55 11 3226-0211
www.editoradobrasil.com.br

Respeite o direito autoral

© Editora do Brasil S.A., 2019
Todos os direitos reservados

Direção-geral: Vicente Tortamano Avanso

Direção editorial: Felipe Ramos Poletti
Gerência editorial: Erika Caldin
Supervisão de arte e editoração: Cida Alves
Supervisão de revisão: Dora Helena Feres
Supervisão de iconografia: Léo Burgos
Supervisão de digital: Ethel Shuña Queiroz
Supervisão de controle de processos editoriais: Roseli Said
Supervisão de direitos autorais: Marilisa Bertolone Mendes

Supervisão editorial: Selma Corrêa
Edição: Esther Herrera Levy
Assistência editorial: Camila Grande, Camila Marques, Carolina Massanhi, Gabriel Madeira e Mariana Trindade
Auxílio editorial: Laura Camanho
Copidesque: Gisélia Costa, Ricardo Liberal e Sylmara Beletti
Revisão: Elaine Silva, Elis Beletti e Rosani Andreani
Pesquisa iconográfica: Tatiana Lubarino
Assistência de arte: Daniel Souza
Design gráfico: Estúdio Anexo e Renné Ramos
Capa: Megalo Design
Imagem de capa: mofles/iStockphoto.com
Ilustrações: Ilustra Cartoon, João P. Mazzoco, Marcelo Azalim, Marcos Guilherme e Wasteresley Lima
Produção cartográfica: DAE (Departamento de Arte e Editoração) e Sonia Vaz
Coordenação de editoração eletrônica: Abdonildo José de Lima Santos
Editoração eletrônica: YAN Comunicação
Licenciamentos de textos: Cinthya Utiyama, Jennifer Xavier, Paula Harue Tozaki e Renata Garbellini
Produção fonográfica: Cinthya Utiyama e Jennifer Xavier
Controle de processos editoriais: Bruna Alves, Carlos Nunes, Rafael Machado e Stephanie Paparella

APRESENTAÇÃO

¡Hola! Bienvenido al Projeto Apoema!

O conhecimento de uma língua estrangeira é essencial para o acesso a novos mundos, para ampliar nossas opções no futuro e conseguirmos boa colocação no mercado de trabalho. Por isso, é importante e gratificante aprender a língua espanhola – que conecta o mundo todo –, compreender as culturas das quais essa língua faz parte e interagir com elas de maneira única.

Apoema é uma palavra da língua tupi que significa "aquele que vê mais longe". Nosso objetivo é levar você a conhecer lugares, pessoas, comidas e costumes diferentes durante o aprendizado da língua espanhola e a desenvolver habilidades para usá-la corretamente.

Nossa metodologia ensina o uso do espanhol por meio de assuntos atuais e interessantes para que você possa se comunicar usando essa língua, entendê-la e escrevê-la de forma fluente. Você irá inter-relacionar-se com o mundo e expandir seus horizontes, ou seja, verá mais longe.

¡MANOS A LA OBRA!

CONHEÇA O SEU LIVRO

Na **abertura de unidade**, você verá o conteúdo que será estudado e praticará a língua espanhola por meio de uma ou várias atividades relacionadas a imagens e conhecimentos básicos.

O livro tem oito unidades e cada uma contém quatro capítulos. O **Capítulo 1** começa com a seção **¡Prepárate!**, que apresenta um texto de introdução ao tema da unidade, que pode ser trabalhado como exercício de áudio acompanhado de atividades de interpretação.

Na seção **¡Lengua!**, você encontra tópicos gramaticais explicados de forma detalhada.

Na seção **Bolígrafo en mano**, você pode consolidar o que aprendeu por meio de atividades de escrita que abrangem os mais diversos fins, sempre com foco na gramática e no vocabulário abordados na unidade.

O boxe **Para ayudarte** aparece várias vezes no decorrer da unidade, com palavras e expressões relacionadas ao assunto estudado, além de diversas ocorrências de determinado termo no mundo hispanofalante, o que propicia a ampliação de seu vocabulário.

A subseção **¡Practiquemos!** indica exercícios que privilegiam a prática de escrita para consolidação de algum tópico gramatical, vocabulário etc., além de interpretação e trabalho com texto.

O boxe **¡Descubre más!** apresenta sugestões de vídeos, filmes, livros, *websites* etc., sempre alinhadas ao assunto da unidade.

A seção **A escuchar** sinaliza exercícios com desenvolvimento de áudio. O objetivo é ajudá-lo a entender a língua falada, a fixar a pronúncia de novos vocabulários e estruturas da unidade e identificar variações de pronúncia e sotaque.

Na seção **¡A jugar!** os exercícios são mais lúdicos para você praticar a língua espanhola de forma divertida.

CONHEÇA O SEU LIVRO

O objetivo do boxe **En equipo** é promover a socialização e atuação em equipe por meio de uma atividade que envolverá uma breve pesquisa em grupo e um debate coletivo com base nos dados coletados.

No **Capítulo 4** de cada unidade, ora você encontra a seção **Soy ciudadano**, ora a **Atando cabos**, que têm interação multidisciplinar e trabalham com textos voltados à formação cidadã.

A seção **La palabra del experto** é apresentada geralmente duas vezes em cada livro, trazendo textos escritos por especialistas de diversas áreas sobre temas atuais e relacionados ao assunto da unidade.

Na seção **Cultura en acción**, você tem a oportunidade de consolidar, preparar, elaborar e ampliar de forma interdisciplinar um tema já abordado no volume. Por meio do trabalho com um bem artístico-cultural, são desenvolvidas propostas de pequenos projetos que podem ser executados ao final de cada semestre.

Em algumas atividades, você encontrará os ícones a seguir.

 Indica atividades que usam áudio nas seções **¡Prepárate!** e **A escuchar**.

 Apresenta atividades orais.

 Indica atividades que utilizam o dicionário.

Em todas as unidades, há atividades adicionais, reunidas na seção **Ahora te toca a ti**, para você revisar o conteúdo e praticar ainda mais o que aprendeu.

A seção **Desafío** é composta de questões do Exame Nacional do Ensino Médio (Enem), de vestibulares etc., para você se preparar para as provas das instituições de Ensino Superior.

A seção **¡No te olvides!**, encontrada no final das unidades pares, contém mapas conceituais dos conteúdos de gramática e vocabulário das duas últimas unidades.

A seção **Repaso**, apresentada em seguida, traz atividades com o objetivo de consolidar seu conhecimento do conteúdo das unidades.

No final de cada livro, há um breve glossário bilíngue (**Glosario**) dos termos encontrados nas unidades.

SUMARIO

Unidad 1 – Saludos y despedidas

Capítulo 1
- ¡Prepárate!: Abecedario español/ Saludos y presentaciones — 12
- Perfil en la red social — 13
- La palabra del experto: Guía para niños y adolescentes — 15

Capítulo 2
- Pronombres personales — 16
- Verbos llamarse (reflexivo) y ser — 17
- Artículos definidos o determinados — 18
- Artículos indefinidos o indeterminados — 19

Capítulo 3
- Los números en español — 20
- Igual, casi igual, parecido, nada que ver... — 22
- Los signos de puntuación — 22
- Saludos y despedidas — 23

Capítulo 4
- Atando cabos: Saludos del mundo — 25
- Ahora te toca a ti — 26

Unidad 2 – Nuestra escuela

Capítulo 1
- ¡Prepárate!: Partes de la escuela — 30
- Grados de parentesco — 31
- Estados civiles — 32

Capítulo 2
- Pronombres posesivos — 34
- Nacionalidades — 35

Capítulo 3
- Pronombres demostrativos — 36
- Bolígrafo en mano: Biografía — 38

Capítulo 4
- Soy ciudadano: La familia — 39
- Derechos de los niños — 40
- Ahora te toca a ti — 41
- ¡No te olvides! — 43

Repaso — 45
Desafío — 47

Unidad 3 – Mi rutina

Capítulo 1
- ¡Prepárate!: Tareas familiares — 50
- Infinitivo — 51
- Días de la semana — 52
- Meses del año — 52

Capítulo 2
- Presente de indicativo — 53
- Partes del verbo — 53
- Pronombres de tratamiento formal e informal — 53
- Verbos reflexivos — 55
- Adverbios de frecuencia — 56

Capítulo 3
- ¿Cómo medimos el tiempo? — 57
- El nacimiento del reloj pulsera — 58
- Horas enteras y fraccionadas — 58

Capítulo 4
- Atando cabos: Husos horarios — 60
- Ahora te toca a ti — 62

Unidad 4 – Mi casa

Capítulo 1
- ¡Prepárate!: Las diferentes formas de vivir — 66
- Las partes de una vivienda — 67
- Verbos haber y tener — 68

Capítulo 2
- Antónimos — 69
- Las partes de una escuela — 70
- Bolígrafo en mano: Aviso clasificado de venta — 71

Capítulo 3
- Soy ciudadano: El "tigre de al lado": el peligro de animales salvajes cautivos — 74
- Soy ciudadano: El poder de las mascotas — 78

Capítulo 4
- Cultura en acción: Gastronomía: el sabor de una cultura — 80
- Ahora te toca a ti — 82

¡No te olvides! — 84
Repaso — 86

Unidad 5 – Me gusta...

Capítulo 1	¡Prepárate!: Los diferentes estilos musicales	90
	Bolígrafo en mano: Los diferentes estilos musicales y preferencias	91
Capítulo 2	El verbo gustar	92
	Adverbios de cantidad	93
	Gustos y preferencias	94
Capítulo 3	Bolígrafo en mano: Adjetivos	95
	Expresar o rechazar invitaciones	97
Capítulo 4	Atando cabos: ¿Qué es tener buen gusto?	99
	Ahora te toca a ti	100

Unidad 6 – ¿Con qué ropa voy?

Capítulo 1	¡Prepárate!: Invitación de cumpleaños	104
	Adverbios de tiempo	105
	Perífrasis ir + a + infinitivo	106
Capítulo 2	Colores, tallas, calzados, ropas y accesorios	107
	Bolígrafo en mano: Ropas y accesorios	109
Capítulo 3	Modo indicativo condicional	112
Capítulo 4	Atando cabos: La diversidad en la vestimenta latinoamericana	113
	Ahora te toca a ti	114
	¡No te olvides!	116
Repaso		118
Desafío		120

Unidad 7 – Cuidados

Capítulo 1	¡Prepárate!: ¿Sabías que tu cabello crece alrededor de 1,3 centímetro por mes?	124
	Gerundio: ejemplos de conjugación	127
Capítulo 2	Soy ciudadano: ¿Por qué es importante bañarse?	128
	Tipos de comercios	130
Capítulo 3	Bolígrafo en mano: Resumen turístico	133
Capítulo 4	Soy ciudadano: Declaración Universal de Derechos Humanos	134
	Ahora te toca a ti	136

Unidad 8 – Vacaciones

Capítulo 1	¡Prepárate!: Planear paseos y viajes	140
	Futuro simple o imperfecto	141
Capítulo 2	Marcadores temporales de futuro	143
Capítulo 3	Bolígrafo en mano: Vacaciones	146
	Bolígrafo en mano: Invitación para pasar juntos las vacaciones	148
Capítulo 4	Atando cabos: El deporte nos ayuda a crecer	149
	Cultura en acción: Los lenguajes de una cultura	150
	Ahora te toca a ti	152
	¡No te olvides!	154
Repaso		156
Desafío		158
Glosario		159

||| EN ESTA UNIDAD |||

- Conoceremos el abecedario español y su pronunciación.
- Aprenderemos los saludos, las presentaciones y las despedidas.
- Completaremos nuestro perfil en una red social.
- Discutiremos sobre la seguridad en internet.
- Conoceremos los verbos **ser** y **llamarse** para decir y preguntar el nombre.
- Aprenderemos los pronombres personales.
- Conoceremos los números cardinales en español.

PARA AYUDARTE

Saludos
- ¡Hola!
- ¿Qué tal?
- ¡Buenos días!
- ¡Buenas tardes!
- ¡Buenas noches!
- ¿Cómo has estado? Bien, gracias. ¿Y tú?

Presentaciones
- ¿Cómo te llamas? Soy...

Despedidas
- Adiós.
- Hasta pronto.
- Nos vemos.
- Que tenga (Ud.) buenos días.

||| ¡Prepárate! |||

Abecedario español

1 Lee las letras del abecedario español y luego repítelas.

A a	B be	C ce	D de	E e	F efe	G ge	H hache	I i
J jota	K ka	L ele	M eme	N ene	Ñ eñe	O o	P pe	Q cu
R erre	S ese	T te	U u	V uve	W uve doble	X equis	Y ye	Z ceta

Dígrafos:

CH che	LL elle

Saludos y presentaciones

 2 Es el primer día de clase de Mariana en una escuela nueva. Vamos a acompañarla en su llegada. ¿Qué pasa en el diálogo?

Juan: Hola, ¿qué tal?

Mariana: ¡Hola!

Juan: Soy Juan. Y tú, ¿cómo te llamas?

Mariana: Mariana.

Carlos: ¡Bienvenida Mariana! Yo me llamo Carlos.

Mariana: ¡Cuánta gente! Yo vengo de una escuela muy pequeña.

Juan: Sí, esta escuela es grande, pero no te preocupes que nosotros te mostramos todo.

Mariana: ¡Gracias!

Ana: ¡Shhh! Ahí está el profe de Artes.

Carlos: Después seguimos hablando…

Profesor: ¡Buenos días!

Alumnos: ¡Buenos días, profesor Pablo!

a) ¿Quién es la alumna nueva?

b) ¿Quién conversa con ella?

c) ¿Cómo es la escuela antigua de Mariana? ¿Y la nueva escuela?

d) ¿Quién entra en el aula y cómo lo saludan?

Carlos y Juan conversan sobre Mariana. ¿Qué va a hacer Carlos?

Carlos: Qué simpática la compañera nueva, ¿no?
Juan: Sí, muy simpática.
Carlos: La voy a agregar a mis contactos.
Juan: ¿A ver?

_____

_____

Perfil en la red social

 Y tú, ¿tienes perfil en alguna red social? Vamos a completar uno con tus datos en la red que más te agrade. Antes, revisa el perfil de Mariana para que tengas una idea.

MARIANA FELIZ
ACERCA DE TI
Soy Mariana y me considero una persona muy feliz. Me encantan los gatos, la música y mis amigos.

INFORMACIONES BÁSICAS
Fecha de nacimiento: 4/5/2004
Sexo: femenino
Idiomas: español/inglés/portugués
INFORMACIONES DE CONTACTO
Nombre de usuario: marianafeliz
Correo electrónico: marianafeliz@hotmail.com
Ciudad de origen: Belo Horizonte, Brasil
Ciudad actual: Buenos Aires, Argentina
Colegio: Instituto Libertad

FRASES CÉLEBRES FAVORITAS
Es preferible reír que llorar.

BIOGRAFÍA
Libros: *El señor de los anillos; El hobbit.*
Películas: *Teen Wolf, Descendientes, La guerra de las galaxias.*
Programas de TV: *Los Simpsons, Hermanos y detectives, Violetta.*
Juegos: Roblox, Gartic, Fortnite.
Mejores amigos: Laura, Pablo, Lucas, Manuela, Juana, Tomás.
Lugares: Buenos Aires, Río de Janeiro, Disney.
Música: Ariana Grande, Katy Perry.

https://miperfil.com/

ACERCA DE TI

Foto

_____
_____

INFORMACIONES BÁSICAS

Fecha de nacimiento: _____

Sexo: _____

Idiomas: _____

INFORMACIONES DE CONTACTO

Nombre de usuario: _____

Correo electrónico: _____

Ciudad de origen: _____

Ciudad actual: _____

Colegio: _____

BIOGRAFÍA

Libros: _____

Películas: _____

Programas de TV: _____

Juegos: _____

Mejores amigos: _____

Lugares: _____

Música: _____

FRASES CÉLEBRES FAVORITAS

_____

5 **Responde las siguientes preguntas y luego conversa con un compañero sobre el tema.**

a) ¿Qué piensas sobre las redes sociales?

_____
_____

b) ¿Sueles aceptar solicitudes de amistad de personas desconocidas?

_____

c) ¿Qué precauciones tomas para protegerte de personas malintencionadas en internet?

_____
_____

La palabra del experto

http://www.chicoseninternet.org/index.php?option=com_content&task=view&id=3&Itemid=4

Guía para niños y adolescentes

1. Siempre debes avisar inmediatamente a tus padres si ves algo que no entiendes, te hace sentir incómodo o te da miedo.

2. Nunca escribas tu nombre real, utiliza siempre un seudónimo. Nunca envíes una foto tuya ni de tu familia. Si alguien te lo pide avisa enseguida a tus padres.

3. No des tu información personal ni de tus padres, amigos, familiares o de tu escuela. No menciones direcciones, teléfonos, horarios ni números de documentos o tarjetas de crédito.

4. No compartas tus claves y contraseñas con nadie, ni siquiera con tus mejores amigos. Mantenlas en secreto o cuéntaselas solamente a tus padres.

5. Nunca tengas un encuentro cara a cara con alguien que hayas conocido por internet. Las personas con las que chateas tal vez no son quienes dicen ser. Si quieres conocer personalmente a un "ciberamigo", pídeselo a tus padres y que ellos te acompañen al encuentro.

6. Nunca respondas mensajes que no sepas de quién viene o que simplemente te parezca extraño. Si recibes un mensaje de este tipo coméntalo con tus padres.

Disponible en: http://www.chicoseninternet.org/index.php?option=com_content&task=view&id=3&Itemid=4. Acceso en: 10 abr. 2019.

Los chicos en Internet

Cuando un chico se sienta frente a una computadora a navegar en internet y usa buscadores o hace *click* en alguna publicidad, corre el riesgo de que se abran frente a él imágenes no apropiadas para su edad. Esto puede suceder de manera accidental – cuando hace búsquedas para sus tareas escolares o sobre temas más acordes para su edad –, o deliberada, cuando va a buscarlo directamente.

 ¡DESCUBRE MÁS!

Informaciones sobre el buen uso del internet – https://www.planetamama.com.ar/nota/internet-y-los-chicos. Acceso en: 11 abr. 2019.

Pronombres personales

Fíjate:

- **Yo** me llamo Carlos.

Vamos a conocer los pronombres personales:

Yo   Nosotros
Tú   Vosotros

Yo me llamo Carlos.
Tú eres nueva en la escuela.
Él es el profe de Español.
Ella es la profe de Artes.
¿Usted es el nuevo profesor?
Nosotros te mostraremos todo.

- **Nosotros** te mostraremos todo.

Él/Ella   Ellos/Ellas
Usted   Ustedes

Nosotras somos de Venezuela.
Vosotros sois muy simpáticos.
Vosotras sois muy inteligentes.
Ellos son nuestros amigos.
Ellas trabajan en la cantina de la escuela.
Ustedes tienen juegos muy divertidos.

 ¡Practiquemos!

1 Completa el crucigrama con los pronombres personales.

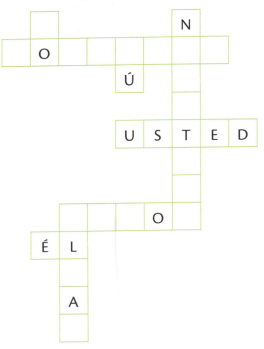

¡Lengua!

Verbos llamarse (reflexivo) y ser

Fíjate:

- **Soy** Juan.
- Sí, **es** grande esta escuela.
- ¿Cómo te **llamas**?
- **Me llamo** Carlos.

El verbo **llamarse** es reflexivo. Los **verbos reflexivos** son aquellos en los que el sujeto ejecuta y sufre la misma acción del verbo.

Pronombres sujeto	Ser	Llamarse
Yo	soy	me llamo
Tú	eres	te llamas
Él/ Ella/ Usted	es	se llama
Nosotros/ Nosotras	somos	nos llamamos
Vosotros/ Vosotras	sois	os llamáis
Ellos / Ellas / Ustedes	son	se llaman

 ¡Practiquemos!

1) Completa con el verbo que corresponda:

a) Mis nuevas amigas _____ Carmen y Paula.

b) ¿Cómo _____ tu profesora de Portugués?

c) ¿Él _____ tu amigo?

2) Busca y marca en los textos los pronombres personales y el verbo SER.

Durante sesenta años de producción literaria, Gabriel García Márquez (1927-2014) publicó miles de artículos de prensa, libros, guiones para cine y televisión, y capítulos en compilaciones de distintos tipos. Sus novelas han sido además traducidas a más de cuarenta idiomas y hoy son conocidas en todo el planeta.

Disponible en: http://bibliotecanacional.gov.co/es-co/colecciones/biblioteca-digital/gaboteca. Acceso en: 10 abr. 2019.

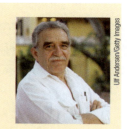

Yo, señor, me llamo **Gabriel García Márquez**. Lo siento: a mí tampoco me gusta ese nombre, porque es una sarta de lugares comunes que nunca he logrado identificar conmigo.

Nací en Aracataca, Colombia. Mi signo es Piscis y mi mujer es Mercedes. Esas son las dos cosas más importantes que me han ocurrido en la vida, porque gracias a ellas, al menos hasta ahora, he logrado sobrevivir escribiendo.

Gerald Martin. *Una vida*: Gabriel García Márquez. São Paulo: Ediouro, 2010.

¡Lengua!

Artículos definidos o determinados

Fíjate:

• Soy **la** alumna nueva.   • Ahí viene **el** profe de artes.

En español hay cuatro artículos definidos o determinados:

Masculino singular: **el**   Femenino singular: **la**

Masculino plural: **los**   Femenino plural: **las**

¡Practiquemos!

1 Completa con el artículo definido correspondiente.

a) _____ coordinadora está conversando con _____ profesor de química.

b) _____ deportes son muy importantes para _____ jóvenes.

c) No entiende _____ idioma francés, pero sí habla bien _____ inglés.

d) Por _____ noche me gusta ver _____ televisión.

2 Lee el texto y completa los espacios con los artículos definidos que faltan:

_____ equipo de fútbol más viejo del mundo

es semiprofesional y juega en _____ octava división inglesa. Se trata del Sheffield Football Club, fundado en 1857 por dos universitarios aficionados al incipiente juego de pelota que hicieron historia sin saberlo: Nathaniel Creswick y William Prest. Estos dos muchachos elaboraron unos estatutos y racionalizaron

_____ reglamento que ya incluía muchas similitudes con

_____ actual, como _____ número de jugadores

por equipo, _____ duración del partido o _____ uso del larguero (antes se jugaba con porterías similares a las del rugby) [...].

Sara Romero. Disponible en: https://www.muyinteresante.es/curiosidades/preguntas-respuestas/cual-es-el-equipo-de-futbol-mas-antiguo-del-mundo-121478760737. Acceso en: 10 abr. 2019.

Artículos indefinidos o indeterminados

Fíjate:

Vengo de **una** escuela muy pequeña.   Yo soy **un** buen alumno.

Se usan los **artículos indefinidos** o **indeterminados** para referirse a algo o alguien no definidos dentro de una categoría de cosas o de personas.

Más ejemplos:

Te busca **una** señora.   Creo que necesito tomarme **unas** vacaciones.

Hoy es **un** día muy bonito.   Me compré **unos** pantalones azules.

¡Practiquemos!

1 Elige la opción correcta.

a) Volvió como _____ hijo que retorna al hogar.
   • ○ un   • ○ una   • ○ uno

b) Mi primo es _____ destacado profesional como su padre.
   • ○ un   • ○ una   • ○ uno

c) Nunca vi _____ chica más perezosa.
   • ○ un   • ○ una   • ○ uno

d) Esos planes no son más que _____ ilusión pasajera.
   • ○ un   • ○ una   • ○ uno

2 Completa con los artículos indefinidos que correspondan.

a) ¿Cuándo habrá _____ nueva reunión?

b) Mi hermana menor es _____ profesora muy dedicada.

c) Usted puede considerarme _____ amigo.

d) El ganador del premio es _____ profesor de México DF.

19

CAPÍTULO 3

¡Lengua!

Los números en español

0 – cero	18 – dieciocho	70 – setenta
1 – uno/un/una	19 – diecinueve	80 – ochenta
2 – dos	20 – veinte	90 – noventa
3 – tres	21 – veintiuno	100 – cien
4 – cuatro	22 – veintidós	101 – ciento uno/una
5 – cinco	23 – veintitrés	200 – doscientos/as
6 – seis	24 – veinticuatro	300 – trescientos/as
7 – siete	25 – veinticinco	400 – cuatrocientos/as
8 – ocho	26 – veintiséis	500 – quinientos/as
9 – nueve	27 – veintisiete	600 – seiscientos/as
10 – diez	28 – veintiocho	700 – setecientos/as
11 – once	29 – veintinueve	800 – ochocientos/as
12 – doce	30 – treinta	900 – novecientos/as
13 – trece	31 – treinta y uno	1000 – mil
14 – catorce	32 – treinta y dos	100 000 – cien mil
15 – quince	40 – cuarenta	1 000 000 – un millón
16 – dieciséis	50 – cincuenta	
17 – diecisiete	60 – sesenta	

 ¡Practiquemos!

1 Completa la tabla.

0 _____   21 _____

11 _____   22 _____

12 _____   23 _____

13 _____   31 _____

14 _____   32 _____

15 _____   40 _____

2 ¿Para qué aprendemos los números en otra lengua?

_____

_____

> Un **millón** representa la siguiente cifra:
>
> **un millón** = 1.000.000
>
> La palabra **billón** no puede ser traducida como "bilhão" en portugués, sino como "trilhão". O sea, un billón, en español, es lo mismo que **un millón de millones**.
>
> Observa la cifra que **un billón** representa:
>
> un billón = 1.000.000.000.000
>
> Para representar **mil millones**, o **un millardo** (forma común em México) se usa la cifra a seguir.
>
> **mil millones** = 1.000.000.000

A escuchar

1 Escucha los diálogos y completa la agenda con los números que faltan:

- Biblioteca: _____

- Escuela: _____

- Mariana: _____

2 Escucha otra vez los diálogos y completa el resumen de las conversaciones.

a) ¿Quién llama? _____

¿Quién recibe la llamada? _____

¿Qué quiere? _____

b) ¿Quién llama? _____

¿Quién recibe la llamada? _____

¿Qué quiere? _____

c) ¿Quién llama? _____

¿Quién recibe la llamada? _____

¿Qué quiere? _____

3. Ahora, toma por ejemplo el diálogo del siguiente cuadro y practica con tu pareja.

PARA AYUDARTE

Diálogo 1:

A: Hola _____, ¿qué tal?

B: Bien, ¿y tú _____?

A: Bien, también. ¿Tienes el número de teléfono de _____?

B: Sí. Toma nota: _____ .

A: ¡Vale! Gracias.

Diálogo 2:

A: _____ , buenos días.

B: Buenos días, soy _____ , ¿puede informarme el número de _____ , por favor?

A: Sí, claro. Es el _____ .

B: ¡Muchas gracias! Adiós.

PARA AYUDARTE

Igual, casi igual, parecido, nada que ver ...

Muchas palabras en español se escriben exactamente igual en portugués, pero su pronunciación es diferente. Veamos algunos ejemplos:

grande   simpática   linda   antipática   tímida   artes   amiga

Otras palabras son bastante parecidas en la escritura o en el sentido. Fíjate en este ejemplo:

¡**vale**! (español) **valeu**! (portugués)

Otras son totalmente diferentes o, en algunos casos, nos engañan porque se parecen a alguna palabra en portugués, pero en realidad tienen un sentido muy diferente. Esas palabras son los **falsos amigos** o **heterosemánticos**. Algunos ejemplos:

Español	Portugués
fecha	data
mala	malvada
apellido	sobrenome
sobrenombre	apelido

PARA AYUDARTE

Los signos de puntuación

 punto

 puntos suspensivos

 signos de interrogación

 coma

 dos puntos

 signos de exclamación

 punto y coma

Marcos Guilherme

A escuchar

1 Escucha el diálogo y completa la conversación telefónica.

— Hola, ¿_____ Carlos?

— _____, soy yo, Mariana.

— Ah, hola, ¿qué tal?

— Bien, ¿y tú?

— _____. ¿Me pasas la tarea de _____?

— Son todos los ejercicios de la lección _____.

— Bueno, gracias. Chau.

— _____.

2 Escucha otra vez el diálogo y completa el resumen de la conversa.

a) ¿Quién llama?: _____.

b) ¿Quién recibe la llamada?: _____.

c) ¿Qué quiere?: _____.

3 ¿Cómo se saludan y se despiden Mariana y Carlos en la conversación telefónica? Escucha el audio otra vez y escribe lo que oyes.

_____

PARA AYUDARTE

Saludos
- ¡Hola!
- ¡Buenas!
- ¡Buenas tardes!
- ¡Buenas noches!
- ¡Buenos días! /¡Buen día!
- ¡Hola! ¿Qué tal?

Despedidas
- ¡Adiós!
- ¡Recuerdos!
- ¡Hasta mañana!
- ¡Saludos para todos!
- ¡Hasta luego!
- ¡Que lo pases bien!
- ¡Fue un placer!
- ¡Chao! / ¡Chau!

Saludos y despedidas al teléfono en diversos países hispanohablantes
- **España** – ¿Hola? ¿Diga? ¿Dígame? ¿Sí?
- **Argentina** – ¿Hola?
- **México** – ¿Bueno? ¿Diga?
- **Venezuela/Chile** – ¿Aló?

¡Practiquemos!

1) ¿Cuáles son las maneras más formales de saludos y despedidas en tu opinión? ¿Y las más informales?

_____
_____
_____

2) Mira el ejemplo y escribe diálogos con los saludos y las despedidas.

a) – Hola, Karin.
¿Qué tal?
– Hola, Pedro.
Bien, ¿tú?
– Bien también.
Mira, mi autobús.
Hasta luego.
– Bueno, chau, Pedro.

b) _____
_____
_____
_____

c) _____
_____
_____
_____

d) _____
_____
_____
_____

24

CAPÍTULO 4

Atando cabos

Saludos del mundo

Saludo Scout
El dedo pulgar sobre el dedo meñique significa que el mayor protege al pequeño.

Indio
La palma abierta y lejos de las armas muestra entrega hacia la persona a quien se saluda.

Namaste
Hindú, simboliza el deseo de conectar el propio espíritu con el del saludado.

Apretón de manos
Se da con la derecha, la mano que desenvaina el arma, como señal de no agresión.

Inclinación
Su origen está en una señal de subordinación (se expone al otro el cuello, zona vulnerable).

Ilustrações: João P. Mazzoco

¡Practiquemos!

1 Charla con tu compañero sobre las siguientes preguntas.

Actividad oral

a) ¿Saludas a todas las personas de la misma forma?

b) ¿Cómo saludas a tu familia?

c) ¿Y a tus amigos, los saludas igual? ¿Qué haces?

d) ¿Y a tu mascota?

e) ¿Cuál de los saludos te pareció más raro?

EN EQUIPO

1 ¿Qué gestos son comunes en tu comunidad? ¿Cuáles saludos no son usados? ¿Por qué? ¿Sabes sus significados? ¿Crees que los saludos significan lo mismo en todo el mundo? Investiga sobre los saludos en el mundo y escribe en el cuaderno lo que encuentres. Preséntales tus apuntes a tus compañeros y discutan sobre el tema.

AHORA TE TOCA A TI

1) Completa con la forma correcta del verbo LLAMARSE o SER.

a) ¿Tú _____ nuevo en la escuela?

b) Yo _____ Diego y ella _____ Estela.

c) Nosotras _____ amigas desde bebés.

d) Ella _____ de España y yo _____ de Chile.

2) ¿Quiénes son? Mira las fotos y contesta siguiendo el modelo.

a) ¿Es Douglas Costa?

No, es Kylian Mbappé.

e) ¿Es Vladimir Putin?

b) ¿Es Mohammed Salah?

f) ¿Es Maradona?

c) ¿Se llama Theresa May?

g) ¿Se llama Anitta?

d) ¿Es Andressa Alves?

h) ¿Se llama Ludmilla?

3 Completa con el artículo definido correspondiente.

a) ¡Llegó _____ nueva profesora! ¿Quién le dará _____ bienvenida?

b) _____ alumnas saludan a _____ nueva compañera de clase.

c) _____ niños se preparan para hacer _____ pruebas finales.

d) ¿Ya conocen a todos _____ profesores?

e) Juan fue _____ primero que me dio _____ buenos días.

f) ¡Tocó _____ timbre! ¿Quién le abre _____ puerta a mamá?

g) A _____ gatas no les gustó _____ ración nueva que compramos.

4 Completa con los artículos indefinidos que correspondan.

a) Tengo _____ tías muy queridas en Córdoba.

b) Parecen _____ personas capaces de resolver el asunto.

c) Impusieron _____ reglamentos muy severos.

d) Gabriel y Hernando son _____ buenos amigos de nuestra familia.

e) Son _____ hombres despiadados y sin escrúpulos.

f) Aparecieron _____ caras nuevas en la biblioteca hoy.

g) Ustedes compraron _____ uniformes demasiado coloridos.

5 Escribe en letras los resultados.

a) ★★★ + ★★★★ = _____

b) ★★ − ★ = _____

c) ★★ + ★★★★ + ★★★★★ = _____

d) ★★★★★★ + ★★★★★★★★ = _____

e) ★★★★★★★★★ − ★★ + ★★★★★★★★★★ = _____

UNIDAD 2
NUESTRA ESCUELA

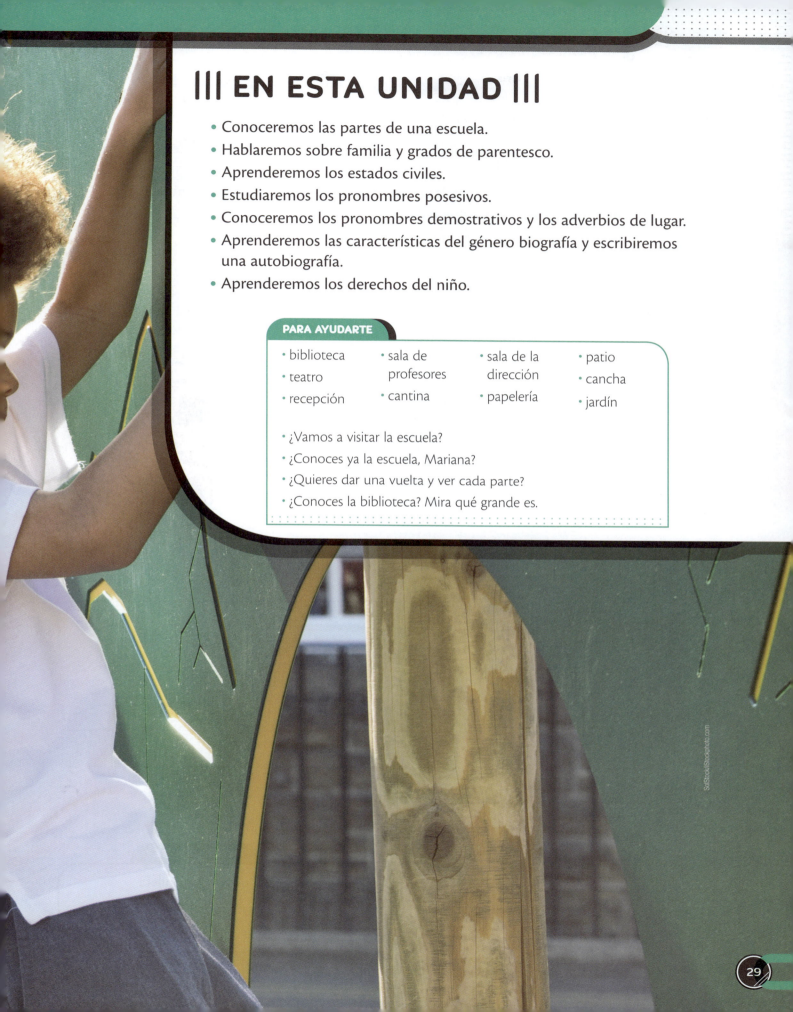

||| EN ESTA UNIDAD |||

- Conoceremos las partes de una escuela.
- Hablaremos sobre familia y grados de parentesco.
- Aprenderemos los estados civiles.
- Estudiaremos los pronombres posesivos.
- Conoceremos los pronombres demostrativos y los adverbios de lugar.
- Aprenderemos las características del género biografía y escribiremos una autobiografía.
- Aprenderemos los derechos del niño.

PARA AYUDARTE

- biblioteca
- teatro
- recepción
- sala de profesores
- cantina
- sala de la dirección
- papelería
- patio
- cancha
- jardín

- ¿Vamos a visitar la escuela?
- ¿Conoces ya la escuela, Mariana?
- ¿Quieres dar una vuelta y ver cada parte?
- ¿Conoces la biblioteca? Mira qué grande es.

¡Prepárate!

Partes de la escuela

1 ¿Qué pasa en el diálogo? Juan y Carlos van a mostrarle la escuela a la alumna nueva, Mariana. ¿Alguna vez tuviste que mostrarle la escuela a alguien?

> **Juan:** Bueno, vamos a cumplir nuestra promesa. ¿Te mostramos la escuela?
>
> **Mariana:** Sí, y por favor, empecemos por la biblioteca. Tengo que retirar un libro para el trabajo de Historia.
>
> **Carlos:** Vamos yendo para la biblioteca y en el camino te mostramos algunas partes de la escuela, ¿vale?
>
> **Mariana:** ¡Vale!
>
> **Juan:** Acá es la recepción donde está la oficina de objetos perdidos y encontrados y la copiadora, por si tienes que fotocopiar algo.
>
> **Carlos:** ¡Ah!, por ese corredor vas a la cantina escolar, la papelería, el teatro y a la cancha número 2.
>
> **Mariana:** Y allí, ¿qué es?
>
> **Juan:** La sala de profesores y detrás de ella está la sala de la dirección.

a) ¿A quién muestran la escuela Juan y Carlos?

_____

b) ¿Adónde tiene que ir Mariana?

_____

c) ¿Qué partes de la escuela le muestran a la chica?

_____

_____

2 ¿Cuáles de estos lugares existen en tu escuela?

- ◯ teatro
- ◯ recepción
- ◯ sala de profesores
- ◯ cancha
- ◯ laboratorio
- ◯ parque
- ◯ papelería
- ◯ biblioteca
- ◯ piscina

PARA AYUDARTE

Argentina – **pileta**
México – **alberca**
México/Guatemala – **estanque**

30

¡Practiquemos!

Grados de parentesco

1) Lee la conversación entre Mariana y Juan. Después, conversa con tus compañeros sobre tu familia.

Juan: Mariana, ¿tienes hermanos?
Mariana: Si, una hermana y un hermano. Pero el marido de mi madre también tiene un hijo que vive con nosotros.
Juan: Yo no tengo hermanos y vivo con mis padres. ¿Y te gusta el hijo de tu padrastro?
Mariana: ¡Sí, nos divertimos mucho!

a) ¿Quiénes forman tu familia?

_____

_____

b) ¿Con quién te llevas mejor? ¿Por qué?

_____

_____

PARA AYUDARTE

Grados de parentesco

femenino	masculino
hermana	hermano
tía	tío
madre	padre
prima	primo
abuela materna	abuelo materno
abuela paterna	abuelo paterno
ahijada	ahijado
bisabuela	bisabuelo
cuñada	cuñado
entenada/hijastra	entenado/hijastro
hija	hijo
madrastra	padrastro
madrina	padrino

2) ¿De quién estamos hablando? Completa como en el ejemplo.

a) Es el padre de tu padre: el abuelo.

b) Es la hija de tu tío: _____

c) Es el esposo de tu madre: _____

d) Es el hijo de tu hermano: _____

e) Es la hija de tus padres: _____

f) Es la madre de tu prima: _____

g) Es la hija de tu hija: _____

h) Es el hermano de tu padre: _____

3) Hablando de familia. Lee los textos y completa los espacios con las palabras del cuadro.

- tío
- tía
- primo
- madre
- abuelo
- hermana

TEXTO 1

El _____ era aficionado a la poesía – mi _____ Belisario había sido poeta y publicado una novela – y me enseñaba a memorizar versos de Campoamor o de Rubén Darío y tanto él como mi _____ […] me festejaban esas temeridades preliterarias como gracias […].

Mario Vargas Llosa. Disponible en: https://www.megustaleer.com/libros/el-pez-en-el-agua/MES-065204/fragmento/. Acceso en: 15 abr. 2019.

PARA AYUDARTE

Estados civiles
- casado(a)
- soltero(a)
- novio(a)
- divorciado(a)
- comprometido(a)
- viudo(a)

TEXTO 2

Yo almorzaba todos los jueves donde el _____ Lucho y la _____ Olga y ese mediodía encontré a la familia todavía en pijama, […]

– Me he contagiado de mi _____ – me repuso –. La verdad es que esos de Radio Central son fantásticos, unos dramones que parten el alma.

Mario Vargas Llosa. *La tía Julia y el escribidor*. Madrid: Alfaguara, 2004.

4 Mira la familia de Mariana y completa las preguntas con los estados civiles de cada uno de los miembros.

a) Isabel es _____ con Carlos.

b) Manuel es _____ con Clara.

c) Mariana es _____.

d) Paco es _____.

5 Ahora es tu turno. Conversa con un compañero sobre su familia y escribe en el cuaderno sobre lo que hablaron.

¡Lengua!

Pronombres posesivos

Fíjate:

- Bueno, vamos a hacer **nuestro** almuerzo.
- Vivo con **mis** padres.

Los pronombres posesivos en español son:

Pronombres personales	Pronombres posesivos	Ejemplos
Yo	mi/mis	**Mi** cartera es nueva. **Mis** dos perros son pequeños.
Tú	tu/tus	¿Estos son **tus** cuadernos de Geografía?
Él/ella	su/sus	Roberto encontró a **su** madre. Laura viajó con **sus** padres.
Usted	su/sus	¿Preparó usted **su** reunión? Usted es responsable por **sus** materiales.
Nosotros(as)	nuestro(a)/nuestros(as)	Mi hermana y yo siempre visitamos a **nuestros** abuelos.
Vosotros(as)	vuestro(a)/vuestros(as)	¿Terminasteis **vuestros** trabajos?
Ellos/ellas	su/sus	Los alumnos entraron a **su** clase. ¿Los profesores ya corrigieron **sus** pruebas?
Ustedes	su/sus	¿Quieren ustedes entrar a **su** coche? ¿Quieren ustedes **sus** abrigos?

 ¡Practiquemos!

 Completa con los pronombres correspondientes.

a) Fui a hacer compras con _____ abuela.

b) ¿Arreglasteis _____ camas?

c) Usted debe preparar bien _____ presentación.

d) Jorge va a viajar con _____ padre.

e) Los gatos comieron toda _____ ración de alimentos.

PARA AYUDARTE

Nacionalidades

País	Nacionalidad	País	Nacionalidad
Alemania	Alemán/alemana	Nicaragua	Nicaragüense
Argentina	Argentino(a)	Panamá	Panameño(a)
Bolivia	Boliviano(a)	Paraguay	Paraguayo(a)
Brasil	Brasileño(a)	Perú	Peruano(a)
Chile	Chileno(a)	Portugal	Portugués/portuguesa
Colombia	Colombiano(a)	Puerto Rico	Puertorriqueño(a)
Costa Rica	Costarricense	Rusia	Ruso(a)
Cuba	Cubano(a)	El Salvador	Salvadoreño(a)
República Dominicana	Dominicano(a)	Uruguay	Uruguayo(a)
Ecuador	Ecuatoriano(a)	Venezuela	Venezolano(a)
España	Español(a)		
Estados Unidos	Estadounidense		
Francia	Francés(a)		
Guatemala	Guatemalteco(a)		
Honduras	Hondureño(a)		
Inglaterra	Inglés/inglesa		
Italia	Italiano(a)		
México	Mexicano(a)		

João P. Mazzoco

¡Practiquemos!

1. Completa con las nacionalidades correctas.

a) Paulina es de Uruguay, es _____.

b) Tito es de Puerto Rico, es

_____

c) Tú eres de República Dominicana, eres

_____

d) Nosotros somos de Alemania, somos

_____

PARA AYUDARTE

A: ¿De dónde eres?

B: Soy de **Brasil**.

A: Entonces eres **brasileño(a)**.

B: Sí, soy **brasileño(a)**. ¿Y tú? ¿De dónde eres?

A: Soy de **Chile**. Soy **chileno**.

2. Ahora practica con tu compañero. Haz las preguntas como en el ejemplo de la caja y responde usando tu imaginación. No te olvides de invertir el orden de quien pregunta y quien responde.

¡Lengua!

Pronombres demostrativos

Fíjate:
Este es Harry Styles, cantante de One Direction.
Esta es Marta, la mejor jugadora brasileña de fútbol de todos los tiempos.

Los pronombres demostrativos en español son:

- Esta
- Estas
- Este
- Estos
- Esa
- Esas
- Ese
- Esos
- Aquella
- Aquellas
- Aquel
- Aquellos

Y además tenemos los pronombres demostrativos **neutros** o **invariables**:

- Esto
- Eso
- Aquello

 ¡Practiquemos!

1 Primero marca dónde están los objetos, subrayando los adverbios de lugar: ACÁ, AQUÍ, ALLÍ, ALLÁ etc. A partir de eso, elige el pronombre demostrativo correcto:

Los adverbios de lugar muestran el espacio, lugar o sitio en el cual se desarrolla la acción del verbo. Pueden acompañar también a un adjetivo, o a otro adverbio.
Veamos los más comunes:
aquí, ahí, allí, allá, acá, cerca, lejos, arriba, abajo, delante, detrás, enfrente, encima, debajo, alrededor, sobre, adentro, afuera.

a) Ahí hay unos cuantos libros interesantes. ¿Cuánto cuestan _____ libros?

b) Aquellos conejos corren más que _____ que va allá.

c) Aquí hay un cuaderno. ¿_____ cuaderno es de ejercicios?

d) ¿De qué talla es _____ camisa que está allí?

e) _____ jirafas son más altas que _____ camello que veo allá lejos.

f) _____ zapatos que están allá arriba me gustan mucho.

1 ¡Mi árbol genealógico! Mira el árbol genealógico de León, arma uno en tu cuaderno con tu propia información y preséntalo a tus amigos.

1 Carla vuelve a casa después de su primer día de clases en la escuela nueva. Escucha la conversación de Carla con su madre y marca con verdadero (V) o falso (F) las siguientes frases.

a) ◯ A Carla no le gustó la escuela.

b) ◯ Lo que menos le gustó fue la biblioteca.

c) ◯ Hay lugar para leer en la biblioteca y se pueden retirar libros.

d) ◯ Hay que comprar un pen drive para la clase de informática.

e) ◯ Carla quiere comprar merienda en la escuela.

f) ◯ A Carla no le gusta el balonmano.

# Bolígrafo en mano

 1 ¿Sabes qué es una biografía? Lee las instrucciones y después escribe una autobiografía.

> **PARA AYUDARTE**
>
> **¿Cómo se escribe una biografía?**
>
> **Propósito:**
>
> Proveer información acerca de una persona.
>
> **Características:**
>
> Debe ser concisa, informativa y comprensible, contener datos útiles y emplear un lenguaje que atraiga al lector.
>
> **Instrucciones:**
>
> **1.** Escribe un párrafo que incluya datos personales y la información básica.
>
> **2.** Redacta un párrafo general informativo y conciso que describa los atributos positivos de la persona.
>
> **3.** Redacta un párrafo en el cual enumeres las capacidades únicas del sujeto y resalta los atributos que lo hacen atractivo.
>
> **Consejos y advertencias**
>
> Puede ser útil hacer que una persona externa la lea y te haga críticas constructivas. Otros pueden percibir cosas que se le escaparían al escritor.

Mi biografía

_____
_____
_____
_____
_____
_____
_____
_____

Soy ciudadano

La familia

La familia es un grupo de personas que se respeta y ama. Puede estar formada por el papá, la mamá, los hermanos, abuelos y abuelas, tíos y tías, primos y primas y por supuesto por ti. Pero también puede ser diferente.

La familia puede ser grande y a veces no cabe toda dentro de una misma casa. En nuestro hogar solo vive un grupo menor de la familia. Las tías y tíos viven con sus maridos, esposas e hijos en otras casas, formando así cada uno de ellos una nueva familia.

En el hogar vivimos, y sobre todo convivimos, por eso tratamos de tener buenas relaciones con cada uno de los miembros, amarnos, respetarnos, y procurar el bien de todos.

Pero para lograr la convivencia es necesario que cada uno en la familia cumpla con sus deberes o responsabilidades.

- En la familia todos tienen su obligación específica, para que haya orden y todo marche como es debido.
- En la escuela, nuestros compañeros, los maestros y el personal de la institución también forman una gran familia. En toda escuela hay un director, secretaria, maestros, bedeles y alumnos. Cada uno de ellos, como en nuestros hogares, tiene sus deberes.

Tenemos deberes y responsabilidades, y también derechos. Conocerlos y respetar los de los otros nos ayuda a crecer mejor.

Andresr/Shutterstock.com

wong sze yuen/Shutterstock.com

DERECHOS DE LOS NIÑOS

No importa dónde hayan nacido, cuál sea el color de su piel o qué idioma hablen. Estos derechos son para todos los niños y niñas. Sin excepción. Por ello, los adultos tenemos que tenerlos siempre presentes en cada decisión que tomemos.
[...]

Derecho a la supervivencia y a la salud
Todos los niños y niñas tienen derecho a la supervivencia. Además, durante su crecimiento y desarrollo deben disfrutar del nivel más alto posible de salud y recibir atención médica siempre que lo necesiten. [...]

Derecho a la educación
Todos los niños y niñas deben acceder a una educación de calidad que les permita desarrollar sus mentes hasta el máximo de sus posibilidades. [...]

Derecho al juego
Jugar, reír, soñar... Todos los niños tienen el derecho de seguir siendo niños durante toda su infancia. Por ello es muy importante que tengan tiempo para el ocio y las actividades culturales.

Derecho a la protección
La violencia, los malos tratos, la explotación, los abusos... Son muchos los peligros que amenazan a los niños durante los años más importantes de su vida. El derecho a la protección es esencial para que puedan crecer lejos de estas situaciones.

Derecho a no ser separados de su familia
Ningún niño debe ser separado de sus padres, a menos que sea por su propio bien. Además, si los padres del niño se encuentran en otro país, el pequeño tiene derecho a entrar en este país para reunirse con ellos y viceversa.

Derecho a tener un nombre
Nada más nacer, el nombre de todos los niños y niñas debe ser inscrito en los registros oficiales. Si no consta en estos registros permanecerá invisible el resto de su vida, lo que dificulta la garantía del resto de sus derechos.

[...]

Los derechos de los niños. Disponible en: https://www.unicef.es/blog/los-derechos-de-los-ninos-en-imagenes. Acceso en: 16 abr. 2019.

1 El texto presenta los derechos de los niños. ¿Cuáles son los derechos más importantes para ti? ¿Por qué?

_____

_____

AHORA TE TOCA A TI

1) **Completa con los pronombres correspondientes.**

a) En _____ casa viven mis hermanos, mi padre y yo.

b) Mis primos y yo llevamos a pasear a _____ abuelos.

c) Por favor, devuélveme _____ lápices.

d) Yo vivo solo con _____ madre.

e) Papá y mamá vendieron _____ casa.

2) **Completa con los pronombres posesivos.**

a) Aquella es _____ escuela. (de vosotros)

b) _____ bicicletas están sin ruedas. (de ellas)

c) _____ padrinos volverán pronto. (de ti)

d) _____ madre no fue hoy al trabajo. (de mi)

e) _____ padre fue a buscar las herramientas. (de ellos)

f) _____ coche está estropeado. (de nosotros)

3) **Completa con las nacionalidades correctas.**

a) Rubén Izaguirre es un poeta de Honduras. Él es _____.

b) Shakira es una cantante de Colombia. Ella es _____.

c) Octavio Paz (Premio Nobel de Literatura) es un escritor de México. Él es _____.

d) Gioconda Belli es una autora de Nicaragua. Ella es _____.

e) Carmen Lyra fue una escritora de Costa Rica. Ella era _____.

f) Elvio Romero es un autor de Paraguay. Él es _____.

g) Antonio Alvarado es un pintor de Panamá. Él es _____.

h) Cecília Meireles fue una poetisa de Brasil. Ella era _____.

4 Primero marca dónde están los objetos y subraya los adverbios de lugar: AQUÍ, ACÁ, ALLÍ, ALLÁ etc. Luego, elige el pronombre demostrativo correcto.

a) Aquí veo unos guantes. ¿_____ guantes son de cuero?

b) ¿Vamos a usar _____ color que tengo acá? ¿Qué te parece?

c) ¿_____? ¿Las de aquel estante allá? Sí, claro, son muy bonitas.

d) _____ medias que están allí ¿Son de algodón?

5 Mira el árbol genealógico y completa las frases con el vocabulario de abajo.

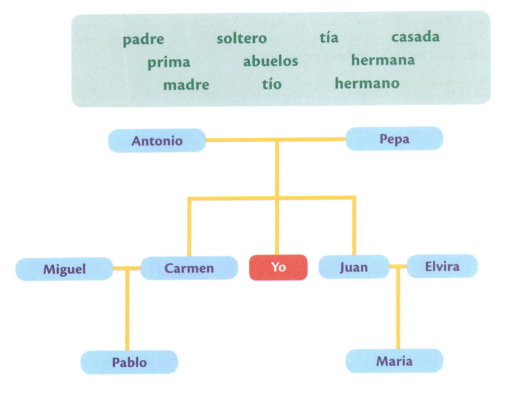

padre   soltero   tía   casada
prima   abuelos   hermana
madre   tío   hermano

a) Mi _____ se llama Antonio y mi _____ se llama Pepa.

b) Carmen es mi _____ y Juan es mi _____.

c) Carmen es _____ con Miguel.

d) María es _____ de Pablo.

e) Elvira es la _____ de Pablo y Miguel es el _____ de María.

f) Pepa y Antonio son los _____ de Pablo y María.

g) Yo soy _____.

¡NO TE OLVIDES!

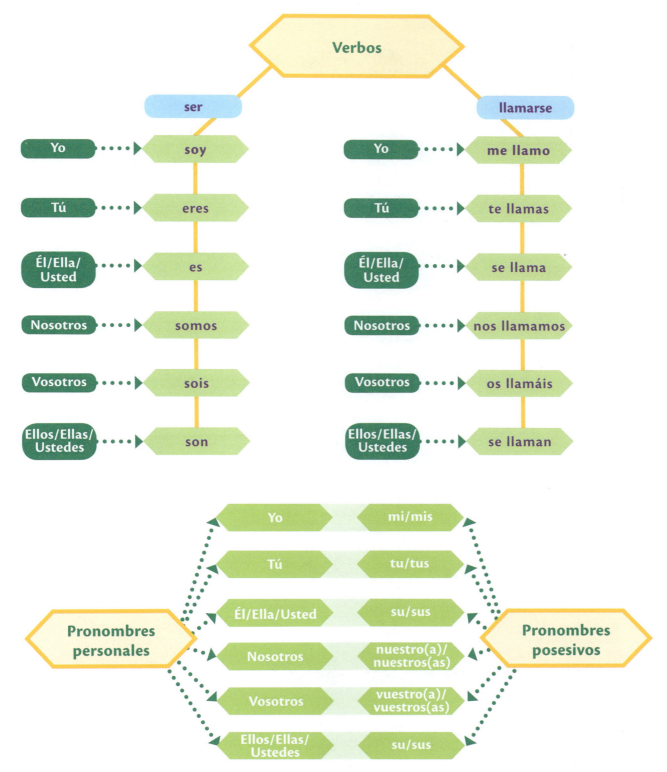

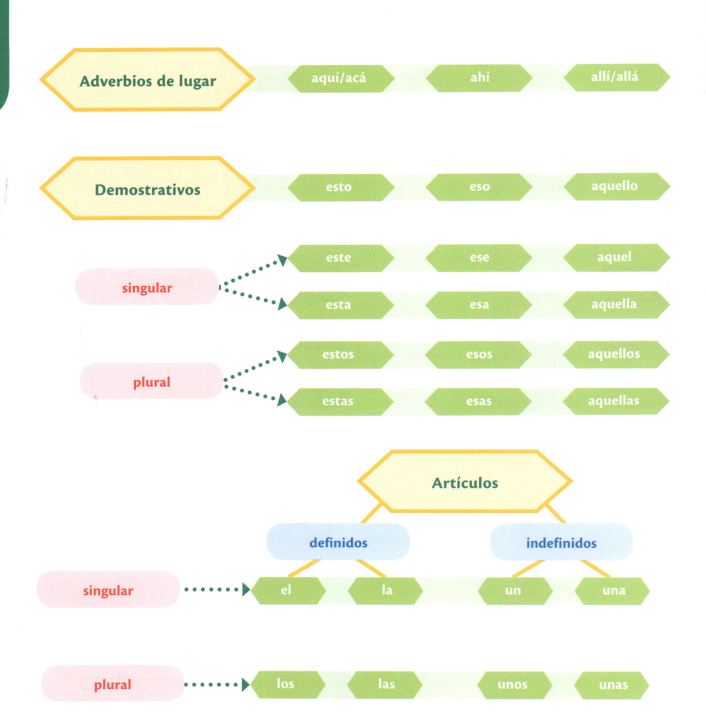

REPASO

1 Completa el texto con la forma correcta de los verbos SER y LLAMARSE.

a) ¡Hola amigos! _____ Estrella y escribo este correo para presentarme. Tengo 20 años.

Vivo en Madrid, en un piso compartido con una amiga que _____ Clara.

Yo _____ diseñadora de modas y ella _____ traductora.

b) Clara habla español y árabe porque su padre _____ egipcio.

_____ buenas amigas. También tengo un hermano que _____ Carlos.

Él tiene dieciocho años y _____ estudiante.

2 Completa con el pronombre posesivo correcto.

a) No tengo _____ cuaderno aquí ahora. (yo)

b) ¿Cómo se llama _____ madre? (usted)

c) _____ tías son muy buenas. (nosotros)

d) _____ casa está cerca de la costa. (tú)

e) _____ padres son divorciados. (él / ella)

f) _____ oficinas están sucias. (vosotros)

3 Elige cuáles podrían ser las respuestas correctas.

a) Uds. llegan a mi casa por la mañana. Yo digo:

- ◯ Buenos días.
- ◯ Buenas tardes.
- ◯ Buenas noches.

b) Yo pregunto: ¿Cómo está tu familia? Tú respondes:

- ◯ Buenas tardes.
- ◯ Adiós.
- ◯ Bien, gracias.

c) Yo digo: ¡Haga usted el favor de entrar! Usted responde:

- ○ Vale, ahora voy.
- ○ De nada.
- ○ Estoy bien.

d) Usted pregunta: ¿Se llama usted Laura? Yo respondo:

- ○ Sí, muchas gracias.
- ○ Sí, encantada.
- ○ Sí, buenas noches.

4 **Completa con las nacionalidades correctas.**

a) Mario Vargas Llosa es un escritor de Perú. Él es _____.

b) Ricky Martin es un cantante de Puerto Rico. Él es _____.

c) Madonna es una cantante de los Estados Unidos. Ella es _____.

d) Mario Benedetti es un escritor de Uruguay. Él es _____.

e) Shakira es una cantante de Colombia. Ella es _____.

5 **Completa las frases con la forma verbal adecuada del verbo SER.**

a) Mi madre _____ frutera y trabaja en su frutería.

b) Hoy _____ mi cumpleaños. Me han regalado muchas cosas.

c) ¿Quién _____ tú?

d) ¿Quiénes _____ vosotros? – _____ Juan y Pedro.

e) Juan y Marta _____ estadounidenses, pero viven en Francia.

6 **Escribe los números en letras o viceversa según corresponda.**

a) quince: _____   d) 13: _____   g) 18: _____

b) setenta: _____   e) diez: _____   h) 16: _____

c) 02: _____   f) veinte: _____

7 **Escribe diez palabras que hayas aprendido en estas dos unidades:**

_____

_____

_____

_____

UFF 2014 Espanhol – Interpretação textual

1) Ahora lee bien los dos textos y responde, eligiendo una de las respuestas posibles.

> "La sola diferencia entre yo y un loco, es que no soy loco".
>
> In: http://perso.wanadoo.fr/art-deco.france/daliesp.htm

Aunque la frase pueda parecer incoherente, su coherencia se da justamente porque en ella Dalí

a) lamenta su locura;

b) niega su locura;

c) se compadece de los locos;

d) se ríe de la locura;

e) se enoja de lo que piensan los locos.

> "El verdadero pintor es aquel que es capaz de pintar escenas extraordinarias en medio de un desierto vacío. El verdadero pintor es aquel que es capaz de pintar pacientemente una pera rodeada de los tumultos de la historia"
>
> DALI, S. La vida secreta de Salvador Dalí, apud DESCHARNES, R. y NERET, G. Salvador Dalí. 1904 – 1989. Barcelona: Tashen, 1993.

Al decir eso, Dalí resalta que el verdadero pintor

a) sabe inventar un mundo no importa donde, pintando sus flores y sus frutos;

b) necesita vivir en el desierto u ocuparse de los movimientos de la historia;

c) vive pacientemente en el ambiente que le toca vivir, aunque prefiere pintar la naturaleza muerta;

d) se concentra en su arte sin prenderse a lo que le rodea;

e) no puede alejarse de su historia y del mundo para que su arte sea extraordinaria.

||| EN ESTA UNIDAD |||

- Aprenderemos el infinitivo de los verbos.
- Hablaremos de los días de la semana.
- Conoceremos los meses del año.
- Aprenderemos el presente de indicativo.
- Estudiaremos las partes del verbo (raíz y terminación).
- Conoceremos pronombres de tratamiento formal e informal.
- Aprenderemos más verbos reflexivos.
- Discutiremos sobre los adverbios de frecuencia.
- Hablaremos de las rutinas.
- Aprenderemos a leer las horas enteras y fraccionadas.
- Conoceremos los husos horario

1 ¿Qué haces con más frecuencia durante el día?

_____

_____

2 ¿Qué haces con menos frecuencia durante la semana?

_____

_____

PARA AYUDARTE

Durante el día

- estudio
- como
- arreglo la mochila
- desayuno
- voy al baño
- hablo por teléfono
- voy al colegio

Durante la semana

- leo un libro
- juego
- me peino
- doy comida al
- perro
- arreglo la cama
- lavo los platos
- saco la basura

49

||| ¡Prepárate! |||

1 ¿Qué pasa en el texto?

LOS NIÑOS PUEDEN AYUDAR A EQUILIBRAR LAS DEMANDAS FAMILIARES Y DE TRABAJO

[...]. Una tarea es ayudar a los niños a tomar control de sus acciones enseñándoles responsabilidad. Cuando los niños toman control de algunas tareas en la familia, ellos se sienten útiles. Esto también les ayuda a desarrollar una actitud saludable hacia el trabajo. El hogar es el lugar ideal de entrenamiento donde los niños aprenden en un ambiente sano y seguro, habilidades, hábitos, responsabilidad, formalidad y autodisciplina. No es difícil hacer una cama, pero el reto está en hacer la cama ¡todos los días en la mañana! Los niños que ganan experiencia haciendo cosas pequeñas (como hacer la cama), tendrán el poder y deseo de conquistar cosas mayores.

Darle a los niños la oportunidad de tomar responsabilidad de una tarea en casa puede tomar tiempo extra al inicio, pero a largo plazo esto reducirá la participación de los padres. [...].

[...]

Inclusive niños de 2 a 3 años pueden ayudar tomando responsabilidad de:
- Poner la ropa sucia en la canasta.
- Recoger los juguetes.
- Vestirse solos.
- Seguir reglas familiares simples.
- Jugar en silencio mientras los padres preparan la comida.

Los niños que colaboran con quehaceres en casa ayudan a los padres a ahorrar tiempo y energía. Esto ayuda a los padres a equilibrar tareas familiares y de trabajo.
[...].

Extensión de la Universidad de Illinois. Disponible en: http://urbanext.illinois.edu/familyworks_sp/time-03.html.
Acceso en: 15 abr. 2019.

a) ¿De qué trata el texto?

- De la ayuda que los niños deben dar a las familias y a sus casas. ◯
- De la ayuda que los padres deben dar a los niños en sus casas. ◯

b) Según el texto, ¿es bueno que los niños ayuden en la casa? ¿Por qué?

_____
_____

c) Escribe dos cosas que los niños de 2 a 3 años pueden hacer de acuerdo con el texto.

_____

 ¿Qué te pasa?

a) ¿Estás de acuerdo con el texto?

b) ¿Te gusta ayudar en tu casa?

c) ¿Qué tareas haces en tu casa?

Infinitivo

Fíjate:
- "Una tarea es **ayudar** a los niños [...]
- "No es difícil **hacer** una cama."

Infinitivo es una forma no personal del verbo, cuyas terminaciones son **-ar**, **-er** o **-ir**.

 ¡Practiquemos!

1 Combina los siguientes verbos con sus complementos como en el ejemplo.

a) Ayudar   (a) a los mayores.

b) Tomar   (   ) los juguetes.

c) Desarrollar   (   ) un jugo.

d) Hacer   (   ) una actitud saludable.

e) Poner   (   ) solos.

f) Recoger   (   ) tiempo.

g) Vestirse   (   ) la ropa sucia en la canasta.

h) Seguir   (   ) en silencio mientras los padres preparan la comida.

i) Jugar   (   ) la tarea de la escuela.

j) Ahorrar   (   ) reglas familiares simples.

2 Las acciones que no son rutinarias. ¿Qué cosas tienes que hacer con menos frecuencia?

- ◯ Lavar al perro.
- ◯ Ir al cine.
- ◯ Visitar a mi abuela.
- ◯ Ir al curso de guitarra.
- ◯ Ir al curso de inglés.
- ◯ Cepillarme los dientes.
- ◯ Arreglar la mochila de la natación.
- ◯ Sacar la basura.

3 ¿En qué días haces esas cosas? Copia y completa el cuadro en tu cuaderno con las acciones señaladas en la actividad anterior.

domingo	lunes	martes	miércoles	jueves	viernes	sábado

¿Por qué tienen esos nombres los días de la semana en español?

Porque eran consagrados a los dioses de la antigüedad greco-romana, a los planetas que llevan sus nombres a la luna y al Sol.

Eso ocurre en español y también en otras lenguas.

- El lunes se refiere a la luna.
- El martes homenajea a Marte, el dios romano de la guerra.
- El miércoles recuerda a Mercurio, el mensajero de los dioses.
- El jueves se refiere a Júpiter, el dios de los rayos.
- El viernes es un homenaje a Venus, la diosa del amor y de la belleza.
- El sábado puede referirse a Saturno, el dios romano, pero también al *Sabbat* judío, que era el día del descanso.
- El domingo homenajea a Dominus, Señor o Dios judeocristiano, pero también puede referirse al Sol.

PARA AYUDARTE

Meses del año

- enero
- febrero
- marzo
- abril
- mayo
- junio
- julio
- agosto
- septiembre
- octubre
- noviembre
- diciembre

Presente de indicativo

Fíjate:
- Los padres **tienen** muchas tareas.
- Los niños **necesitan** ser tomados en cuenta.

El **presente de indicativo** indica una acción en el tiempo presente.

Conoce el presente de indicativo de algunos de los verbos de esta unidad.

	ayudar	tomar	hacer	estudiar
yo	ayudo	tomo	hago	estudio
tú	ayudas	tomas	haces	estudias
él/ella/usted	ayuda	toma	hace	estudia
nosotros	ayudamos	tomamos	hacemos	estudiamos
vosotros	ayudáis	tomáis	hacéis	estudiáis
ellos/ellas/ustedes	ayudan	toman	hacen	estudian

Partes del verbo

Llamamos **raíz** o **radical** al elemento fijo del verbo y **terminación** a la parte variable. La terminación, a su vez, posee una **vocal temática** y una **desinencia**.

Al conjugar los verbos **regulares**, la raíz permanece igual para todas las personas en cualquier tiempo verbal, pero la terminación cambia y define en qué tiempo, modo y persona estamos conjugando el verbo.

En los verbos **irregulares** cambian la raíz y la terminación.

Observa las partes de los verbos regulares a seguir.

	llamar	beber	vivir
raíz o radical	llam-	beb-	viv-
vocal temática	a	e	i
desinencia	r	r	r

Pronombres de tratamiento formal e informal

En español, el pronombre **tú** es usado para el tratamiento **familiar** o **informal** (ejemplo: Tú no puedes hablar así a tu abuela.). El pronombre **usted** es utilizado para el tratamiento **más formal** o de **respeto** (ejemplo: Voy al parque con usted, abuela.).

En la forma plural, hay dos variantes de uso:
- En España, se usa **vosotros** para el tratamiento **familiar** o **informal** y **ustedes** para el trato **formal**.
- En toda Hispanoamérica, solo se usa **ustedes** tanto para el tratamiento **familiar** o **informal**, como para el trato **formal** y de respeto.

¡Practiquemos!

1 Lee el texto y completa los espacios en blanco con las palabras del siguiente cuadro.

> aplauden • practican • sobrecarguen
> siguen • pagan • creen • dejen

COTIDIANO

7 de cada 10 alumnos de Primaria y ESO hacen actividades extraescolares

Los alumnos _____ las actividades en sus propios colegios, en centros municipales o clubes privados.

Lunes y miércoles al salir del colegio, música; martes y jueves, natación; y al mediodía, después del comedor, ballet y euskera. Así es el calendario semanal de actividades extraescolares de muchos alumnos de Primaria (6-12 años) o ESO (12-16). 7 de cada 10 niños y adolescentes de estas edades _____ alguna actividad al terminar su horario escolar, en el mismo colegio o fuera de él, según recoge un informe del Consejo Escolar de Navarra sobre la Jornada de los Escolares presentado el año pasado.

Las familias _____ una media de 500 euros al curso (entre octubre y mayo) por cada hijo, en el caso de que esté matriculado en dos actividades, que suele ser lo más habitual.

[...]

Las federaciones de padres _____ que las extraescolares son "positivas" para sus hijos porque les crean una "afición". Y los orientadores escolares las _____ siempre que no "_____" a los pequeños y les _____ tiempo para hacer las tareas.

Diario de Navarra. Disponible en: www.diariodenavarra.es/noticias/navarra/mas_navarra/7_cada_alumnos_primaria_eso_hacen_actividades_extraescolares_45427_2061.html. Acceso en: 16 abr. 2019.

# ¡Lengua!

En la unidad 1, recordamos que, igual que en portugués, los verbos reflexivos son aquellos en los cuales el sujeto tanto ejecuta como sufre la acción.

Vamos a conocer algunos más de ellos.

	peinarse	cepillarse	vestirse	bañarse
yo	me peino	me cepillo	me visto	me baño
tú	te peinas	te cepillas	te vistes	te bañas
él/ella/usted	se peina	se cepilla	se viste	se baña
nosotros	nos peinamos	nos cepillamos	nos vestimos	nos bañamos
vosotros	os peináis	os cepilláis	os vestís	os bañáis
ellos/ellas/ustedes	se peinan	se cepillan	se visten	se bañan

 ¡Practiquemos!

 1 ¿Con qué frecuencia haces esas acciones? Charla con tu compañero.

PARA AYUDARTE

Igual
- seguro
- casa
- pedir
- cama
- seguir
- médico
- poder
- equilibrar
- domingo

Casi igual
- necesitan
- interesan
- profesor
- aplauden
- asisten
- esa

En español, las palabras no terminan con **m** sino con **n**. Excepción: **álbum**.

Tampoco existe en español la doble **s**. Siempre se escriben las palabras con una sola **s**.

¡Lengua!

Adverbios de frecuencia

- siempre
- casi siempre
- normalmente
- a menudo
- frecuentemente
- a veces
- de vez en cuando
- casi nunca
- muy raras veces
- nunca
- una vez por semana
- una vez al día
- todas las noches
- todas las mañanas
- jamás
- a la mañana
- a la tarde
- durante la noche
- a la tardecita
- a la madrugada
- temprano
- tarde

Ejemplos:
- Llevo flores a mi madre **a menudo**.
- **Casi nunca** me aburro.

 ¡Practiquemos!

 1 Esta es la agenda de la semana de Liliana, que puede ser parecida con la de tus padres. Léela y luego responde las preguntas en tu cuaderno.

	lunes	martes	miércoles	jueves	viernes	sábado	domingo
7:00	gimnasio	tenis	gimnasio	tenis	libre	dormir	desayuno con Andreina
14:00	reunión con departamento financiero	reunión con departamento de marketing	reunión con departamento jurídico	almuerzo con el cliente	consulta médica con el dermatólogo	centro comercial, de compras	ir a la casa de la abuela
19:00	Inglés	yoga	Inglés	yoga	libre	fiesta de Gonzalo	cena con Jazmín
21:00	cena con Eduardo	postgrado	libre	postgrado	libre	fiesta de Gonzalo	libre

a) ¿Qué hace Liliana los martes y jueves por la noche?

_____

b) ¿Qué hace Liliana los sábados a la tarde?

_____

c) ¿Qué hace Liliana los lunes y miércoles a la mañana?

_____

CAPÍTULO 3

A escuchar

1) Agustina llama a algunos amigos para invitarlos a su casa. Escucha las conversaciones y responde.

a) ¿Cuáles de estas acciones escuchas en los diálogos?

- ⚪ Ayudar con los platos;
- ⚪ Descansar;
- ⚪ Llevar el perro a pasear;
- ⚪ Ir al ortodoncista;
- ⚪ Sacar la basura;
- ⚪ Tomar la leche;
- ⚪ Estudiar para las pruebas;
- ⚪ Hacer el trabajo de Matemáticas.

b) ¿Qué tiene que hacer cada una de las personas?

- Gonzalo _____
- Maite _____
- Gerardo _____

¿CÓMO MEDIMOS EL TIEMPO?

Ya desde la lejana prehistoria se observaron y utilizaron para la medida del tiempo fenómenos naturales, como las fases lunares, movimientos de flujo y de reflujo de las mareas y aparente rotación de las constelaciones en el firmamento estrellado. Aún hoy, los científicos utilizan ciertos hechos naturales para medir el tiempo con precisión. Los primeros intentos de medir el tiempo se basaron en los movimientos de los astros, de la Tierra, la luna, el Sol y las estrellas. Inicialmente, se supuso que la Tierra se encontraba inmóvil en el espacio, y que el resto de los cuerpos celestes giraba a su alrededor. Hoy sabemos que esta suposición no es correcta.

Reloj de Sol.

La historia del mundo en que vivimos. Disponible en: http://historiadel.com/reloj/. Acceso: 16 abr. 2019.

EL NACIMIENTO DEL RELOJ PULSERA

[...]

El 19 de octubre de 1901, Santos Dumont, a bordo de su dirigible nº 6 intentó obtener el premio Deutsch de la Merthe, que ofrecía una recompensa enorme para la época: 100.000 francos. El desafío consistía en despegar del Parc Saint Cloud, dirigirse a la Torre Eiffel y regresar en menos de 30 minutos.

[...]

De modo que abordó su aparato y trató de cumplir con el objetivo. Llegó a la Torre Eiffel y volvió, y, cuando desembarcó, los jueces le dijeron que el veredicto le sería entregado esa noche, en una cena en el exclusivo restaurante Maxim's.

El brasileño entró al fastuoso salón, y cuál no sería su sorpresa al encontrarse vitoreado y aclamado por la créme de la créme parisina –entre la que se encontraba, por supuesto, Louis Cartier: había ganado el premio.

El joyero lo invitó a su mesa, a la cual llegó Dumont sin salir del asombro.

– ¿Por qué está tan sorprendido, Alberto? – preguntó Cartier.

– Pues... porque no sabía si había ganado.

– ¿No lo sabía? – dijo el francés, incrédulo – ¿Cómo es posible?

– Porque no sabía si lo había logrado en menos de treinta minutos.

– ¿Es que no llevaba usted reloj?

– Sí – respondió el aviador, sacando un fino reloj de bolsillo –, pero no pude consultarlo durante todo el viaje porque el manejo del dirigible no permite quitar las manos de los controles ni un solo instante.

La respuesta dejó a todos de una pieza. A todos, menos a Louis Cartier.

– No se preocupe usted. Yo le resolveré el problema para su próximo vuelo.

Dicho y hecho: al poco tiempo se presentó ante Dumont para obsequiarle un pequeño reloj cuadrado y plano, de oro, que se sujetaba a la muñeca mediante una elegante correa de cuero y una hebilla. Tan grande fue la sensación que causó el relojito, que Cartier comenzó a producirlo en serie bajo el nombre de "Cartier Santos".

[...]

Disponible en: http://axxon.com.ar/zap/209/c-Zapping0209.htm. Acceso en: 16 abr. 2019.

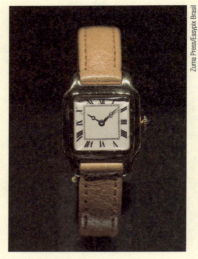

Cartier Santos de platino.

Alberto Santos Dumont.

PARA AYUDARTE

Las horas enteras
- Es la una.
- Es medianoche.
- Es mediodía.
- Son las cinco en punto.

Las horas fraccionadas
- Es la una y cinco.
- Son las ocho y cuarenta y siete.
- Son las cuatro y media.
- Son las trece y cinco.
- Un cuarto de hora.
- Son las cuatro y cuarto.
- Son las quince y veintidós.
- Media hora.
- Son las cinco menos cuarto.

Curiosidad

- En español, como en portugués, al hablar de la hora, se usa el formato más tradicional, de 12 horas. Ejemplos:

Merendamos a las cinco de la tarde.

- Para ser más formal y preciso, hablando y sobre todo al escribir, podemos usar el formato de las 24 horas.

Agendamos la reunión para empezar a las 16:30 en punto.

 ¡Practiquemos!

1 Escribe las horas con letras.

CAPÍTULO 4

Atando cabos

Husos horarios

La adopción del sistema de husos horarios, gracias a un acuerdo internacional en 1912, permitió unificar los criterios para determinar la hora en cada región.

¿Qué es y qué marca?

Se divide la superficie de la Tierra en 24 husos de 15° de longitud cada uno.

Los husos horarios están centrados en los meridianos de longitudes 0°, 15°, 45° etc., Este y Oeste respectivamente.

Dentro de cada huso, todos los lugares adoptan la misma hora.

LÍNEA INTERNACIONAL DE CAMBIO DE FECHA
Ubicada a 180° de Greenwich (aprox.)

MERIDIANO
Se utiliza para determinar la longitud de un lugar.

MERIDIANO DE GREENWICH

HUSO HORARIO 0
Se adoptó como huso 0 hora, el centrado en el Primer Meridiano que pasa por el Real Observatorio de Greenwich, Reino Unido.

EQUIVALENCIAS HORARIAS
Cuando en el huso geográfico 0 son las 12:00, la hora según el huso adoptado oficial, en las siguientes ciudades del mundo es:

CIUDAD	HUSO	HORA
WASHINGTON EE UU	5 HS OESTE	7:00
BUENOS AIRES Argentina	3 HS OESTE	9:00
PRAIA Cabo Verde	1 HS OESTE	11:00
ROMA Italia	1 HS ESTE	13:00
BEIJING China	8 HS ESTE	20:00
SYDNEY Australia	10 HS ESTE	22:00

Husos horarios en el mundo

Los países extensos en longitud como Canadá, EE.UU., Brasil y Rusia utilizan varios husos horarios dentro de su territorio. Los menos extensos adoptan un único huso. En verano algunos países adelantan la hora.

1. Al mismo tiempo son las 07:00 en Nueva York, las 10:00 en São Paulo, las 13:00 en Madrid, las 16:00 en Moscú, las 21:00 en Tokio y las 02:00 en Honolulu. Aquí te presentamos los perfiles de seis personas que viven cada una en una ciudad del mundo.

¿Quién es?	Nacionalidad/ ¿Dónde vive?	Husos horarios	¿A qué se dedica?	Horario de trabajo
Michael	Estadounidense / Nueva York	07:00	Taxista	nocturno 00:00 – 05:00
Renata	Brasileña / São Paulo	10:00	Directora de RRHH de una multinacional	9:00 – indefinido
David	Español / Madrid	13:00	Camarero en un restaurante de tapas	17:00 – 02:00
Evgeniya	Rusa / Moscú	16:00	Chef	11:00 – 16:00
Hikaru	Japonés / Tokio	21:00	Ingeniero civil	07:00 – 17:00
Kai	Estadounidense / Honolulu	02:00	Guía turística en un resort	12:00 – 21:00

- Siguiendo los husos horarios como referencia, responde las siguientes preguntas.

a) ¿Qué hace Evgeniya cuando son las 8:00 en São Paulo?

_____

_____

b) ¿Qué hace Hikaru cuando son las 16:00 en Nueva York?

_____

_____

c) ¿Qué hace Michael cuando son las 2:00 en Honolulu?

_____

_____

d) ¿Qué hace Kai cuando son las 17:30 en Tokio?

_____

_____

e) ¿Qué hace David cuando son las 17:00 en Moscú?

_____

_____

_____

AHORA TE TOCA A TI

1 ¿Cuál te parece el adverbio más adecuado? Selecciona los adverbios de la caja y completa las frases.

- siempre
- casi siempre
- a menudo
- frecuentemente
- de vez en cuando
- casi nunca
- nunca
- una vez a la semana
- todas las noches

a) Estudio mucho. _____ tengo tiempo libre para salir con mis amigos al cine.

b) _____ uso el diccionario de español en aula, solo en casa.

c) _____ vamos de vacaciones al mismo lugar, deberíamos cambiar este año.

d) Mi hija tiene clases de español _____.

e) _____ voy a visitar a mi tía Pepita en México.

f) _____, antes de dormir, Lucía toma un vaso de leche.

g) Juanita tiene las defensas bajas, _____ está engripada.

h) Regina sale de compras _____ con Raquel.

2 ¿Qué haces en los siguientes horarios?

a) 07:00 _____

b) 12:00 _____

c) 15:00 _____

d) 17:00 _____

e) 19:00 _____

f) 21:00 _____

3 Completa los espacios en blanco con la conjugación correcta de los verbos en presente de indicativo.

a) Yo (ser) _____ más fuerte que él.

b) Tú (ser) _____ mi mejor amigo.

c) (Tener / yo) _____ mucha sed.

d) (Estar / nosotros) _____ sin dinero para volver a casa.

e) ¿Por qué no (ir / tú) _____ a mi casa por la tarde?

f) Ella (hablar) _____ cinco idiomas diferentes.

g) ¿Adónde (ir / tú) _____ ?

4 Conjuga los siguientes verbos reflexivos y luego busca la conjugación en la sopa de letras.

a) Llevarse (ellas)
b) Acordarse (nosotros)
c) Bañarse (yo)
d) Vestirse (vosotros)
e) Peinarse (ustedes)
f) Lamentarse (él)
g) Llamarse (usted)

T	A	B	C	J	I	C	O	S	V	E	S	T	Í	S
S	L	A	A	E	K	P	O	D	E	S	J	T	I	O
E	S	R	G	Z	X	H	L	U	S	P	T	E	B	X
L	Y	H	V	J	N	P	U	G	M	H	V	L	R	I
L	R	S	O	P	E	A	T	Z	X	G	H	E	O	L
A	O	X	R	M	J	L	H	K	S	C	N	V	N	A
M	E	B	A	Ñ	O	T	B	V	E	B	X	A	B	I
A	H	B	E	N	S	G	X	C	L	R	D	N	M	D
P	G	O	I	X	V	S	G	B	L	I	O	T	Y	E
F	A	B	U	L	N	S	E	P	E	I	N	A	N	T
A	I	Z	E	U	O	H	F	D	V	L	V	S	O	H
M	S	E	L	A	M	E	N	T	A	H	L	I	L	A
Z	M	C	V	Z	Q	S	T	R	N	Z	X	G	C	B
P	U	L	H	I	X	A	B	O	O	E	V	M	H	X
M	N	O	S	A	C	O	R	D	A	M	O	S	Z	R

63

UNIDAD 4

MI CASA

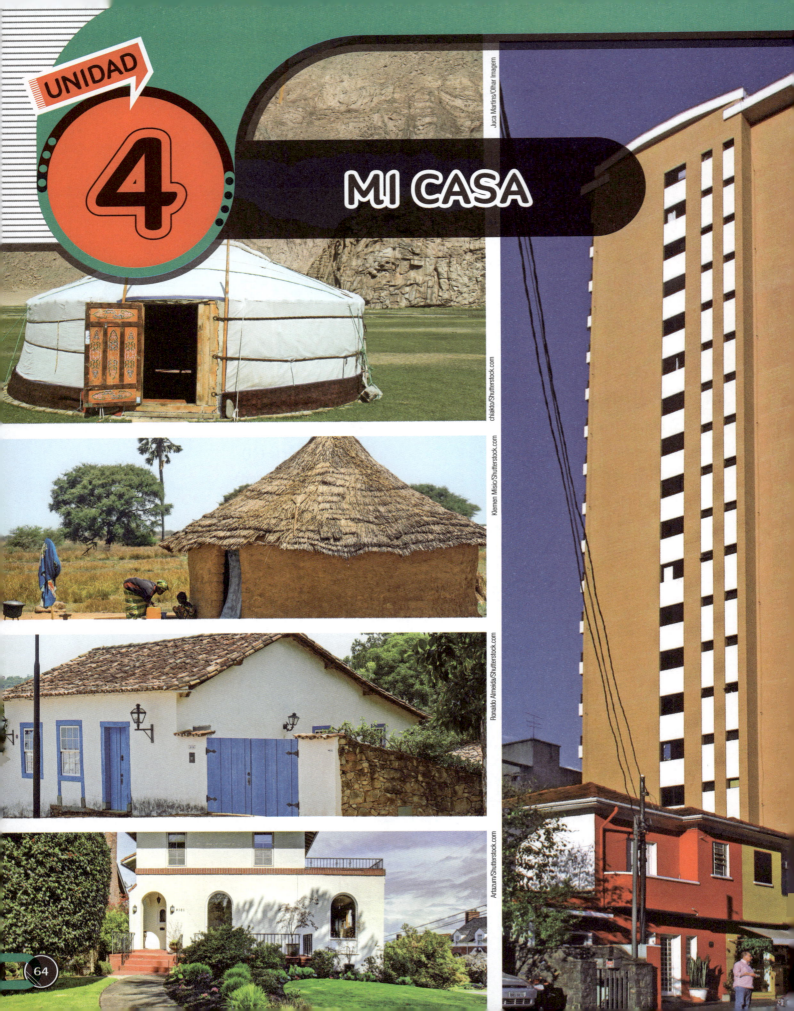

||| EN ESTA UNIDAD |||

- Aprenderemos los tipos de viviendas y sus partes.
- Estudiaremos los verbos **haber** y **tener**.
- Aprenderemos los antónimos.
- Conoceremos las partes de una escuela.
- Escribiremos un aviso clasificado para la venta de una casa.
- Discutiremos sobre los animales domésticos y los salvajes cautivos.
- Hablaremos sobre los malos tratos en animales.

1 ¿Cómo es tu casa? Conversa con tu compañero, siguiendo las instrucciones del profesor.

PARA AYUDARTE

- ¿Dónde vives?
- ¿Vives en casa o en un departamento?
- ¿Cómo es tu casa?
- ¿Te gusta la casa en la que vives?
- Y tus abuelos, ¿viven en un departamento o en una casa?

- ¿Conoces otro tipo de vivienda?
- Tengo un jardincito.
- Mi ropero es grande.
- Mi dormitorio es chico.
- Hay muchos árboles.
- No hay supermercado cerca.
- barrio

- domicilio
- apartamento / piso / departamento
- comunidad de vecinos
- gastos
- residencia
- vecino
- alquiler

¡Prepárate!

1 ¿Todas las personas que conoces viven en el mismo tipo de casa que tu familia tiene? ¿Te gusta el lugar donde vives? ¿Qué pasa en el texto?

LAS DIFERENTES FORMAS DE VIVIR

La **oca** o choza es una habitación típica de los indígenas brasileños y amazónicos. Son grandes, y llegan hasta unos 40 metros de largo. Su gran tamaño se justifica, pues varias familias viven en una misma oca o choza. Ese tipo de vivienda no tiene divisiones internas. Tampoco tienen ventanas, pero tiene de una a tres puertas.

Las **casas** pueden ser de planta baja o de dos pisos, llamados sobrados, un nombre común a Galicia, Portugal y Brasil. Tienen una división parecida con los departamentos, con la ventaja de tener áreas externas privadas, como patio, jardín y garaje.

Las **villas de emergencia** son formadas por casillas, construidas con partes de metal, madera o incluso cartón, pero también hay casas de ladrillos. La diferencia entre barrio y villa es el tipo de urbanización, ya que muchas villas no poseen dirección, con nombres de calles y los respectivos números, acceso a electricidad, agua y cloacas.

En los grandes centros urbanos, más de la mitad de la población vive en **departamentos** y el tamaño promedio es de 60 m². Los departamentos tienen sala, cocina, dormitorios, baño y área de servicio. Algunos edificios tienen comodidades comunitarias y espacios de convivencia.

Las **casas** de los barrios **country** (barrios cerrados) son muy confortables o incluso lujosas. Normalmente tienen más de una sala, un local separado de la cocina para las comidas, y muchos de los dormitorios tienen baños privados y roperos.

PARA AYUDARTE

Uruguay – **apartamento**

Argentina – **departamento**

España – **piso**

a) ¿De qué tipos de vivienda trata el texto?

_____

b) ¿Cómo son en general los departamentos según el texto?

_____

_____

c) ¿Qué diferencias hay entre los barrios y las villas de emergencia?

_____

d) ¿Qué diferencias tienen las casas comunes con las de los barrios country?

_____

_____

e) Escribe las partes de todas las viviendas citadas en el texto.

_____

_____

_____

 2 ¿Qué te pasa?

PARA AYUDARTE

a) ¿En qué tipo de casa vives?

b) ¿En cuál tipo te gustaría vivir?

c) ¿En cuál no te gustaría vivir?

d) ¿Qué tipos de vivienda existen en tu barrio?

Las partes de una vivienda

Curiosidades:

- El lavabo es un baño social, sin ducha ni bañera.
- El departamento también puede ser llamado apartamento o piso.

PARA AYUDARTE

- **Se puede decir:**

Los apartamentos **tienen** sala, cocina y dormitorios.

En los apartamentos **hay** sala, cocina y dormitorios.

- ¿Cómo saber cuándo se usa **hay** y cuándo se usa **tener**?

Observa los ejemplos:

En la avenida **hay**:
- **un** gran centro de compras y un mercado,
- **unos pocos** árboles,
- **dos** farmacias,
- **algunos** autos mal estacionados,
- **muchas** tiendas, cafés, restaurantes y luz eléctrica.

La avenida **tiene** un centro de compras, un mercado, tiendas, árboles, farmacias, muchos autos y, claro, luz eléctrica.

El verbo **haber** en su forma **hay** es impersonal y no es conjugado. Se usa para expresar la existencia de personas o de cosas, tanto en singular como en plural, mientras que el verbo **tener** expresa posesión de cosas.

Fíjate en otros ejemplos:

Hoy **hay** que lavar al perro.

Hay que resolver ese problema.

No **hay** más fresa en la frutera.

¿Qué **hay** en la secretaría?

No **hay** sillas en la sala de profesores.

En casa no **hay** computadora de escritorio.

¿**Hay** una parada de ómnibus para el centro por acá?

No **hay** más bolígrafos en la oficina.

Hay un camión en la avenida.

> Argentina y Uruguay – **Frutilla**.
> España y en algunos países hispanoamericanos – **Fresa**.

> Argentina – **Birome**.
> Argentina, Chile y Uruguay – **Lapicera**.
> Perú, Ecuador, Bolivia, Colombia, Venezuela y México – **Lapicero**.
> Honduras, Costa Rica y Guatemala – **Caneta**.

¡Practiquemos!

1 Coloca HAY solamente donde corresponda. Donde no corresponda, usa el verbo TENER conjugado.

a) No _____ nada de leche en la heladera.

b) Muy cerca de mi apartamento _____ una entrada al subterráneo.

c) ¿Quién _____ mis llaves?

CAPÍTULO 2

Antónimos

Fíjate:

- Yo vengo de una escuela **pequeña**.
- Sí, esta escuela es **grande**.

Verbos de significados antónimos

hacer	deshacer
construir	destruir
ir	venir
trabajar	descansar
subir	bajar
armar	desarmar

Sustantivos de significados antónimos

ruido	silencio
cobardía	valentía
pedantería	humildad
complicación	simplicidad
apatía	entusiasmo
alegría	tristeza

 ¡Practiquemos!

1 Arma la tabla con las informaciones del cuadro. Sigue el modelo.

pequeño(a)	oscuro(a)	extrovertido(a)
nuevo(a)	claro(a)	tímido(a)
antiguo(a)	desagradable	malo(a)
agradable	grande	bueno(a)

Adjetivos	Antónimos
pequeño(a)	grande

Completa las oraciones con los antónimos.

a) Mi tío es muy tímido pero mi tía es _____.

b) El libro de cuentos es antiguo pero esa novela es un libro _____.

c) Mi apartamento es pequeño pero el balcón es _____.

d) Esta habitación es clara pero el pasillo es _____.

e) El parque es agradable pero las calles son _____.

f) El programa de televisión es alegre pero las noticias son _____.

PARA AYUDARTE

Las partes de una escuela

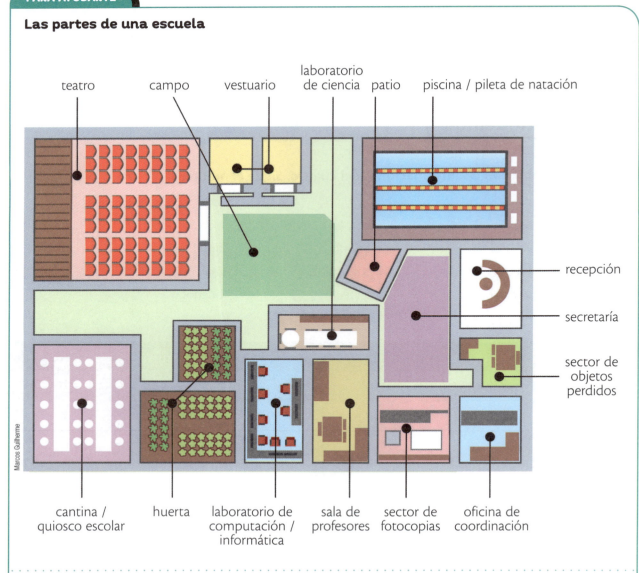

1. ¿Qué hay en tu escuela?

En mi escuela hay _____.

2. Habla con tu compañero acerca de tu escuela. ¿Qué te gusta más en la escuela? ¿Qué podría cambiar?

1. Fíjate en este aviso clasificado de venta de una vivienda.

SE VENDE CASA
200 m² de terreno, 2 habitaciones con baño, 2 plazas de estacionamiento, estudio, despensa, cocina, comedor. Gran oportunidad.
Teléfono: (11) 1111-1111

Género textual: Aviso clasificado

Es un género cuyo objetivo es convencer al lector a comprar, vender, adquirir servicios o productos diversos. Su estructura es formada por: título, anuncio corto con las características del producto o servicio y datos del anunciante, como número del teléfono celular, correo electrónico etc.

2 Ahora, haz un aviso clasificado para la venta de tu casa.

Instrucciones:

- Revisa los anuncios clasificados en el periódico de tu ciudad para tener una idea de la redacción, formato y longitud.
- Escribe el anuncio para que el lector pueda analizarlo rápidamente. ¡Fíjate! Un anuncio largo ahuyenta a los compradores.
- Describe las partes de la casa.
- Pon los datos y formas de contacto.

_____
_____
_____
_____
_____
_____
_____
_____
_____
_____
_____
_____
_____

PARA AYUDARTE

Nada que ver

Español	Portugués
baño	banheiro
oficina	escritório
taller	oficina
cubiertos	talheres

Ejemplos:

- Ayer tuve que llevar el coche al **taller**. Se quedó sin frenos.
- Mamá, ¿cuántos **cubiertos** tengo que poner en la mesa? ¿Solo nosotros cuatro? ¿O viene Gabo?
- Es una **oficina** chica, caben apenas dos escritorios, un par de sillas, un sillón y la fotocopiadora.
- Permiso, ¿puede decirme dónde queda el **baño** para mujeres?

A escuchar

1) La madre de Agustín busca una vivienda para comprar. Escucha las conversaciones y marca cuál le interesa.

2) Escucha nuevamente el audio y responde las preguntas.

a) ¿Qué tamaño tiene el primer piso? ¿Le gustó a la madre de Agustín?

_____

_____

b) ¿Ella fue a ver la tercera casa?

_____

_____

c) ¿Qué tamaño tiene el segundo piso? ¿A ella le gustó?

_____

3) Habla con un compañero sobre las características de tu vivienda. ¿Te gusta su tamaño? ¿Te gustaría que fuese más grande o más chiquita?

Actividad oral

73

CAPÍTULO 3 — Soy ciudadano

En Brasil, la mayor parte de los animales domésticos son:

- los perros
- los gatos
- los peces
- los pájaros

1 En los Estados Unidos también es así, sin embargo, existe un número elevado de otros tipos de animales domésticos. Lee lo que sigue.

EL "TIGRE DE AL LADO": EL PELIGRO DE ANIMALES SALVAJES CAUTIVOS

¿Cuántos tigres hay en el mundo? Depende. Si se cuentan solo los que están en estado salvaje en Asia, hay 3.200, según los datos de Panthera, una agrupación de algunas de las organizaciones científicas más prestigiosas del mundo. Pero, si a los tigres de Asia sumamos los 3.500 que viven en cautividad en Texas, salen 6.700, según la *web* de investigación ProPública [...]. En total, en Estados Unidos hay más de 10.000 tigres. Eso sí: que nadie se haga ilusiones. Los tigres de EEUU están cruzados, y muy pocos mantienen la pureza genética de las subespécies que viven en libertad. Introducirlos en Asia sería una catástrofe biológica.

Pero EEUU está lleno de animales salvajes.

La famosa historia de los caimanes en las alcantarillas de Nueva York es una leyenda urbana. Tan urbana que en Nueva York los caimanes – y los tigres – no viven en las alcantarillas. Viven en apartamentos en Manhattan. Eso quedó claro en octubre de 2003, cuando Antoine Yates se plantó en un hospital con mordeduras en un muslo.

[...]

Pablo Prado. *El Mundo*. Disponible en: www.elmundo.es/elmundo/2011/10/21/natura/1319219607.html. Acceso en: 17 abr. 2019.

a) ¿Qué te parece tener cualquier tipo de animal como doméstico, como en los Estados Unidos?

_____

_____

2 Toma del cuadro los nombres de los animales y escríbelos debajo de las imágenes.

conejillo de Indias	chinchilla	tortuga	víbora
polluelo	cerdito	hamster	conejo
iguana	puercoespín	lagarto	cacatúa

a) lagarto

b) conejillo de Indias

c) cerdito

d) polluelo

e) chinchilla

f) puercoespín

g) tortuga

h) hamster

i) iguana

j) víbora

k) conejo

l) cacatúa

Ahora, escribe sobre el animal doméstico que tienes o que te gustaría tener.

Les presento a mi animalito

Yo tengo un _____ que se llama _____

Tiene _____ años y es _____

 Lee el texto y charla con un compañero sobre la pregunta a continuación.

COTIDIANO

El abandono de perros y gatos vuelve a repuntar en España

Tras una temporada de tendencia a la baja, durante los tres últimos años el número de animales recogidos por las protectoras ha ido creciendo ligeramente, según el último informe de la Fundación Affinity.

Un total de 104.834 perros y 33.473 gatos fueron recogidos por las sociedades protectoras de España el año pasado, según refleja el último estudio sobre abandono y adopción de la Fundación Affinity. [...]

[...]

El informe refleja que el abandono sigue siendo el mayor problema que afecta a los animales de compañía. [...]

[...]

El abandono es un fenómeno que afecta a perros y gatos de todo tipo, y no queda restringido a ninguna edad o raza determinada. El 80% de los animales de compañía abandonados en 2017 eran mestizos, y la mayoría de ellos llegaron al refugio en edad adulta, aunque también son recogidos animales de edad avanzada y cachorros.

[...]

Público, Madrid, 21 jun. 2018. Disponible en: https://www.publico.es/sociedad/abandono-perros-y-gatos-vuelve-repuntar-espana.html. Acceso en: 2 mayo 2019.

- ¿Por qué te parece que las personas abandonan a sus animales?

¡A jugar!

1 Completa el crucigrama respondiendo a los enigmas con las palabras del cuadro.

> caballo   iguana   polluelo
> gato   perro   tortuga

a) Soy enérgico y amable. Me encanta perseguir la pelota. _____

b) Participo en competencias y ayudo en el campo. _____

c) Me gusta dormir y asearme. Me encantan las bolas de lana. _____

d) Soy tranquila y ando muy lento. Vivo muchos años. _____

e) Soy chiquito y amarillo. Me gusta estar en el patio y comer maíz. _____

f) Soy verde y ágil. Las personas a veces me tienen miedo. _____

J	R	O	C	A	S	H	G	C	U	Z	O	C
A	I	L	F	H	F	M	H	E	L	P	J	O
C	G	E	A	V	M	Á	S	R	J	O	E	X
S	U	U	L	A	M	U	P	D	V	J	N	I
W	A	L	T	S	T	D	R	I	S	Y	O	R
P	N	L	T	J	F	U	K	T	E	E	C	P
M	A	O	K	U	A	X	A	O	P	G	N	E
A	Y	P	R	T	R	A	G	A	L	K	V	R
L	K	C	N	C	A	B	A	L	L	O	Z	R
K	L	A	M	O	R	U	W	I	O	B	F	O
F	U	G	V	T	O	R	T	U	G	A	C	K
N	B	V	M	R	A	G	Q	B	A	P	Y	R
A	I	A	G	T	O	B	O	U	T	O	H	K
J	K	B	L	S	C	R	E	H	O	F	R	O

77

Soy ciudadano

EL PODER DE LAS MASCOTAS

Tener una mascota no solo significa diversión. Las investigaciones han demostrado que convivir con un animalito puede brindarnos una mayor felicidad general, reducir nuestro estrés, motivarnos para hacer más ejercicio y mejorar nuestra calidad de vida. Muchas personas adoptan mascotas para tener compañía. Después de todo, los animales nos ofrecen una lealtad incondicional. El dinero no puede comprar ese sentimiento especial de llegar a casa y que el perro mueva la cola al verte, o que el gato se acurruque en tu regazo y ronronee plácidamente. Estas alegrías cotidianas nos recuerdan que deberíamos tomar las cosas con más calma en nuestra vida tan estresante.

Los estudios indican que las mascotas incluso pueden disminuir la presión arterial alta, estabilizar las concentraciones de colesterol en la sangre, así como reducir la incidencia de enfermedades cardiovasculares. Los dueños de animales acuden a consultas médicas hasta 15 por ciento menos a menudo que las personas que no tienen mascotas, y la interacción con perros y gatos aporta beneficios emocionales a toda la familia, desde los niños pequeños hasta los adultos mayores.

Encuestas realizadas por la Universidad de Australia Occidental revelan que más de 70 por ciento de los dueños de mascotas aseguran que nunca o rara vez se sienten solos, y las probabilidades de alcanzar el mejor nivel recomendable de actividad física por semana son hasta siete veces más altas entre las personas que tienen perros y que caminan con ellos cinco o más veces a la semana. Según los datos de una de esas encuestas, los dueños de perros sumaban 55 minutos más de actividad física total a la semana que las personas que no tenían perros.

Tener una mascota bien podría ser la solución para reducir el estrés de la vida moderna. […]

Disponible en: https://selecciones.com.mx/el-poder-de-las-mascotas/. Acceso en: 17 abr. 2019.

¡Practiquemos!

 ¿Cuáles son las ventajas de tener una mascota?

_____

_____

 Según los estudios, ¿cuáles son las ventajas que los animales traen a la salud?

_____

_____

EN EQUIPO

 En grupo, haz una investigación sobre los cuidados que debemos tener con los animales domésticos. Prepara material como carteles y preséntalo a tu clase.

¡DESCUBRE MÁS!

Mira algunas películas con animales.

Como perros y gatos

Babe, el cerdito valiente

Vecinos invasores

Los aristogatos

Río 2

¡Olé! El viaje de Ferdinand

79

Cultura en acción

Gastronomía: el sabor de una cultura

Perú

La cocina peruana es considerada como una de las más variadas y ricas del mundo. Gracias a la herencia preincaica, incaica y a la inmigración española, africana, chino-cantonesa, japonesa e italiana principalmente hasta el siglo XIX, reúne, mezcla y acriolla una gastronomía y exquisitos sabores de cuatro continentes, ofreciendo una variedad inigualable e impresionante de platos típicos de arte culinario peruano en constante evolución, imposible de enumerarlos en su totalidad. [...]

Disponible en: www.gastronomiaperu.com/gast_peruana.php. Acceso en: 2 mayo 2019.

Chile

Partiendo por la zona norte, diremos que aquí la cocina típica se ha influenciado por las culturas atacameñas y aymaras del altiplano andino, como también por los changos, pueblo pesquero de la costa. El norte es rico en pescados y mariscos. [...] Por su parte, la zona central fue más influenciada en su gastronomía por las costumbres de los campesinos [...] Las empanadas, el pastel de choclo, las humitas y el caldillo de congrio son platos típicos que los chilenos comen en sus casas y están disponibles en restaurantes. Por último, la zona sur [...] se caracteriza por sus variedades de papas y productos marinos. [...]

Disponible en: https://titaniumplusmagazine.com/titanium-plus-magazine/actualidad/curiosidades/gastronomia-de-chile-copa-america-2015/. Acceso en: 12 jun. 2019.

Bolivia

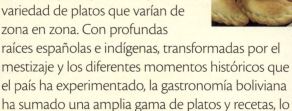

La gastronomía de Bolivia es conocida principalmente por su variedad de platos que varían de zona en zona. Con profundas raíces españolas e indígenas, transformadas por el mestizaje y los diferentes momentos históricos que el país ha experimentado, la gastronomía boliviana ha sumado una amplia gama de platos y recetas, lo cual la hace variada, rica y diferenciada. […]

[…]

La cocina de Bolivia difiere mucho de una región a otra, porque Bolivia tiene muchas zonas geográficas y distintos orígenes culturales. Pero lo que es similar en todos ellos es la abundancia de carnes, papas y maíz. Y el agregado de distintos condimentos hace que cada región tenga un sabor diferente y especial.

Disponible en: http://www.fundacionhechoenbolivia.org/SitePages/Gastronomia.aspx. Acceso en: 25 jun. 2019.

Paraguay

La cocina paraguaya, como todas las expresiones culturales, tiene una fuerte raíz indígena, si bien los hábitos alimenticios de los paraguayos se abrieron plenamente a partir de la colonia a las recetas provenientes de Europa en primer lugar, y a las de todos los países del mundo, en los tiempos modernos. […]

Las bases de la gastronomía paraguaya se centran especialmente en dos alimentos de raíz indígena: la mandioca o yuca (tubérculo de generosas raíces), y el maíz (cereal americano por excelencia), de los cuales se conocen distintas variedades, y se extraen diferentes usos en la alimentación.

Disponible en: http://www.ecuadorinmediato.com/hoyenlacocina/Informacion/Paraguay.html. Acceso en: 2 mayo 2019.

Argentina

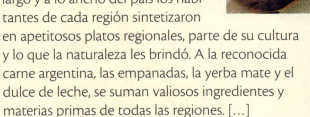

Los sabores argentinos son un símbolo y un reflejo de su historia. A lo largo y a lo ancho del país los habitantes de cada región sintetizaron en apetitosos platos regionales, parte de su cultura y lo que la naturaleza les brindó. A la reconocida carne argentina, las empanadas, la yerba mate y el dulce de leche, se suman valiosos ingredientes y materias primas de todas las regiones. […]

Disponible en: http://www.caminorealpolo.com/es/Visita-Argentina-Buenos-Aires-Gastronomia.html. Acceso en: 2 mayo 2019.

Uruguay

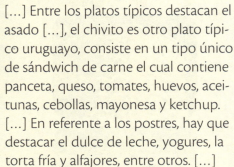

[…] La cocina uruguaya es muy parecida a la cocina argentina, además posee toques de otras cocinas como la europea, donde destacan la italiana y la española.

[…] Entre los platos típicos destacan el asado […], el chivito es otro plato típico uruguayo, consiste en un tipo único de sándwich de carne el cual contiene panceta, queso, tomates, huevos, aceitunas, cebollas, mayonesa y ketchup.

[…] En referente a los postres, hay que destacar el dulce de leche, yogures, la torta fría y alfajores, entre otros. […]

Disponible en: https://www.puntadeleste.com/es/informacion/punta_del_este/gastronomia. Acceso en: 2 mayo 2019.

AHORA TE TOCA A TI

1 Coloca HAY solamente donde corresponda. Donde no corresponda, usa el verbo TENER.

a) Tu casa _____ unas sillas preciosas.

b) En la despensa _____ dos frascos de dulce de leche.

c) El centro de São Paulo _____ algunas calles muy angostas.

d) En los apartamentos _____ sala, cocina y dormitorios.

e) Nosotros no _____ esos libros. Juanita ya se los llevó.

2 Une cada casa con las personas que crees que pueden vivir en ellas.

a)

b)

c)

d)

e)

3 Completa con HAY o la forma correcta del verbo TENER.

PARA AYUDARTE
nevera: heladera: refrigerador

a) Mamá, ¿_____ leche en la nevera?

No, no _____.

b) ¿Los vecinos _____ un perro? Sí _____ un perro y un gato.

c) ¿Vosotros _____ exámenes en junio? No, nosotros los _____ en septiembre.

d) No _____ nada interesante en la televisión.

e) Yo _____ un hambre terrible.

4 Completa el crucigrama con los nombres de los animales.

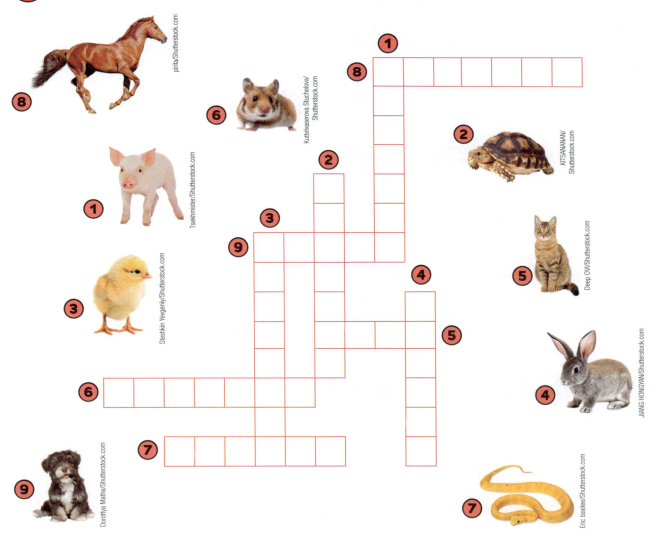

¡NO TE OLVIDES!

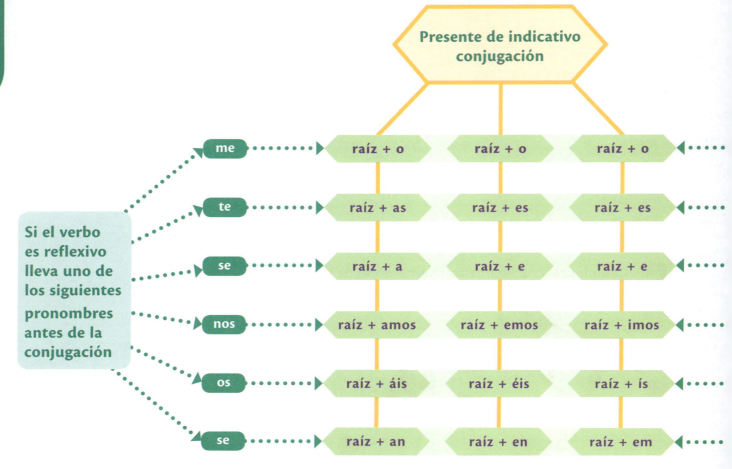

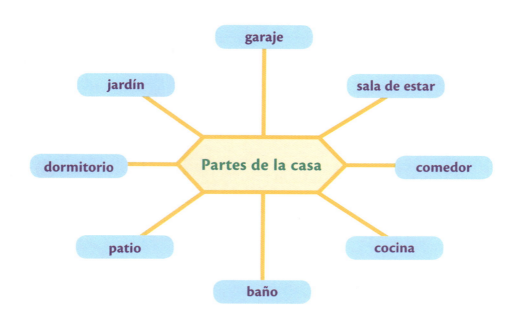

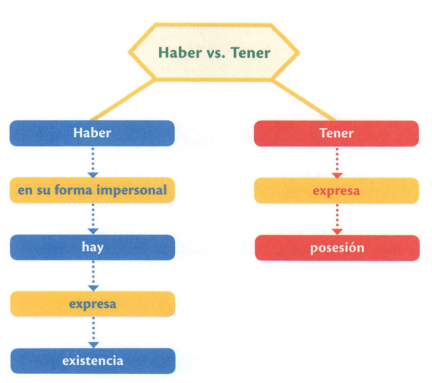

REPASO

1. Completa con HAY o la forma correcta del verbo TENER.

a) ¿Qué _____ para comer hoy? Hoy _____ espaguetis a la carbonara.

b) Mi hermana _____ treinta y tres años.

c) En la biblioteca de la universidad _____ muchos libros.

d) Mis amigas Sara y Laura _____ miedo de las serpientes.

e) ¡Tú _____ unas ganas tremendas de verme!

2. Completa el texto conjugando correctamente los verbos en presente de indicativo. Fíjate que algunos verbos son reflexivos.

Belinda (ser) _____ una chica muy activa. (Levantarse) _____ a las 6:00 y, medio dormida, (cepillarse) _____ los dientes y (ducharse) _____. Ella (desayunar) _____ a las 6:45 y (ir) _____ al gimnasio. En el gimnasio (entrenar) _____ con su amiga Lolita. Ellas (salir) _____ de hacer ejercicio a las 8:00 y (irse) _____ a la oficina, porque (trabajar) _____ juntas. Ellas (trabajar) _____ hasta las 18:00. Después, Belinda todavia (tener) _____ tiempo de hacer clases de ballet los lunes y miércoles y de natación los martes y jueves. Yo siempre le (preguntar) _____ : "¿Cómo (hacer) _____ para no estar tan cansada?", y ella siempre me (responder) _____ : "no (tener) _____ tiempo para eso".

3. Responde las siguientes preguntas.

a) Es el mes de la navidad: _____.

b) Mi cumpleaños es en el mes de: _____.

c) Es el mes en el que comienza el invierno en Brasil: _____.

d) El día del niño en Brasil se conmemora en el mes de: _____.

e) En este mes se conmemora la independencia de Brasil: _____.

f) El carnaval generalmente ocurre en el mes de: _____.

g) En Brasil, el día de las madres es en el mes de: _____.

4 Nombra las partes de la casa.

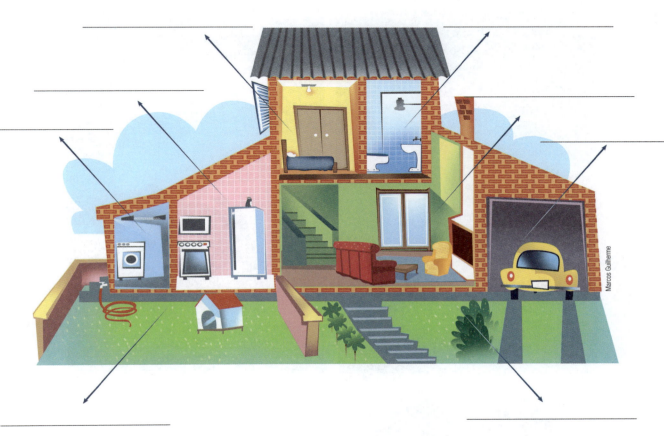

5 ¿Con qué frecuencia haces las siguientes cosas?

a) Ir al cine con amigos.

b) Visitar a los abuelos.

c) Comprar ropa nueva.

d) Cortarte el pelo.

e) Hacer ejercicio.

UNIDAD 5

ME GUSTA...

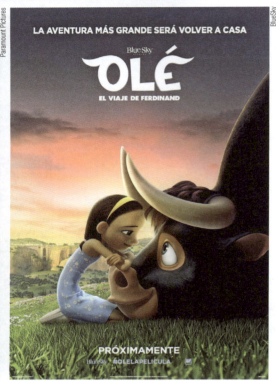

||| EN ESTA UNIDAD |||

- Aprenderemos a expresar gustos y preferencias.
- Hablaremos de libros, comidas, deportes, música y cine.
- Haremos invitaciones.
- Aprenderemos a aceptar o rechazar invitaciones.
- Conoceremos los verbos **gustar**, **preferir** y **querer**.
- Hablaremos de los adjetivos.
- Conoceremos los adverbios de cantidad e intensidad.

 Observa los carteles de películas. ¿Te gusta ese tipo de películas? ¿Cuál es tu género cinematográfico favorito? Discútelo con tu profesor y tus compañeros.

> **PARA AYUDARTE**
>
> **Gustos y preferencias**
>
> - ¿Cuáles son tus preferencias?
> - ¿Qué es lo que más te agrada hacer?
> - ¿Te gusta el circo?
> - ¿Te gusta el teatro?
> - ¿Escuchas música?
> - ¿Te gusta ir al centro de paseo?
> - Ahora comes menos carne, ¿no?
>
> Me gusta mi casa.
> No me gusta el tango.
> Me encanta el mapalé.

CAPÍTULO 1

||| ¡Prepárate! |||

1 Violeta está interesada en lo que Raquel escucha. Vamos a oír la conversación entre ellas ¿Qué pasa en el diálogo?

Violeta: ¿Qué escuchas, Raqui?
Raquel: ¿Qué?
Violeta: ¿Que qué escuchas?
Raquel: Ah, la nueva de Katy Perry. ¿La tienes?
Violeta: No. ¿Pásamela por *bluetooth*?
Raquel: Ahí va.
Violeta: Buenísima. Me gusta mucho.

a) ¿Quién está escuchando música?

_____

b) ¿En qué aparato está escuchando música?

_____

c) ¿Qué le pide Violeta?

_____

d) ¿Cómo le pasa la música?

_____

Cómo activar la función *bluetooth*

Para pasar fotos, sonidos o contactos de un móvil a otro, primero se activa la función *bluetooth*. En general, todos los móviles tienen en el menú una sección llamada conectividad. Allí debemos buscar la opción *bluetooth*. Se selecciona activar y el *bluetooth* ya estará en marcha; si observas, aparecerá una indicación en la pantalla del teléfono. Debemos activar también esa función en el otro dispositivo y en ambos aparecerá un mensaje con el nombre del otro teléfono y preguntará si nos queremos conectar. Se acepta y los móviles quedan unidos.

2 ¿Qué te pasa? Charla con tu compañero acerca de los siguientes temas.

a) ¿Te gusta Katy Perry? ¿Conoces alguna de sus canciones? ¿Cuál?

b) ¿Te gusta escuchar música?

Bolígrafo en mano

1 Lee los textos sobre los diferentes estilos musicales y escribe sobre tus preferencias.

Música folclórica

Es la música que lleva los rasgos primitivos de un grupo que está dentro de una sociedad diferente. Tenemos innúmeros ejemplos en los varios países de América, como el tango y el samba.

Texto elaborado con fines didácticos.

Música clásica

[...]
La "música clásica", para empezar, no es un género, es un periodo en la historia que va de 1750 a 1820, aproximadamente. [...] además, la música clásica tiene también las siguientes características:
1. Es hecha por pocos, con la idea de que le guste a muchos, pero estos no lo son tanto.
2. Sus autores y ejecutantes han estudiado una larga carrera en escuelas especiales que se llaman conservatorios, y sus oyentes, en general, han sido inducidos a gustarla por tradición familiar.
3. Es universal. Y aquí podría meditarse si lo es por su belleza o por su mensaje.
[...]

Disponible en: http://www.festivalmorelia.mx/blog/la-diferencia-entre-musica-clasica-y-musica-de-concierto/. Acceso en: 8 mayo 2019.

Rock

[...]
Surgió en la década de 1960 en el mundo anglosajón y significaría uno de los cambios más importantes en la historia de la música universal. El rock hunde sus raíces en numerosos estilos musicales que contribuyeron a darle forma y que le permitieron evolucionar con el tiempo hacia estructuras más o menos complejas.
[...]

Disponible en: https://www.definicionabc.com/general/rock.php#ixzz2DQlHErAf. Acceso en: 22 abr. 2019.

Música pop

La expresión música pop (del inglés pop music, contracción de popular music) hace referencia a una combinación de distintos géneros musicales altamente populares dentro de una sociedad. [...]
Los autores y estudiosos de música David Hatch y Stephen Millward definieron la música pop como "un cuerpo de la música, el cual es distinguible de lo popular, jazz y música folk".
[...]

Disponible en: http://www3.gobiernodecanarias.org/medusa/ecoblog/slopdel/la-musica-pop/. Acceso en: 8 mayo 2019.

- Bueno, pero lo que me gusta de verdad es _____
_____.

2 Ahora selecciona un estilo musical, haz una breve investigación sobre él y cuéntanos qué descubriste.

Actividad oral

CAPÍTULO 2

 ¡Lengua!

El verbo gustar

Fíjate:

- **Me gusta** mucho.
- **¿Te gusta** Katy Perry?
- La verdad es que **me gusta** mucho el chocolate.
- A ti no **te gustan** las verduras, ¿verdad?
- A Jorge **le gustan** mucho los libros.
- **¿Os gustan** los platos japoneses?
- No, ya no **nos gusta** tanto ir al cine. Ahora **nos gusta** muchísimo más el teatro.
- Ni a mi mamá ni a mi papá **les gusta** salir de noche.
- ¿A Uds. les gusta bailar?

¿Te parece diferente? Solo tienes que seguir el mismo modelo de los verbos **agradar** o **encantar** en portugués. Esas conjugaciones también son iguales en español:

Portugués	Español
As flores **me encantam**.	Las flores **me encantan**.
Me agrada muito vir a sua casa.	**Me agrada** mucho venir a su casa.

 ¡Practiquemos!

1 Completa las siguientes frases sobre un fin de semana en familia. Usa la forma adecuada del verbo GUSTAR.

a) A mí _____ ver películas de terror, pero a mis padres no.

b) A ellos no _____ ese tipo de películas.

c) Bueno, a mí _____ comer pizza.

d) Pero a mi hermana _____ la pizza de queso y a mi hermano _____ la de verdura.

e) ¿Y si vamos al *shopping* de paseo? Pero hay otro problema: a mí, a mi hermana, y a mi madre _____ el *shopping*, pero a mi padre y a mi hermano no.

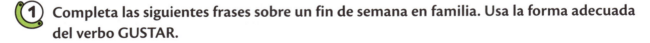

Adverbios de cantidad

Fíjate:
- Me gusta **mucho**.
- Ahora nos gusta **muchísimo** más el teatro.
- A ellos no les gusta **nada andar** en el *shopping*.

Como en portugués, los adverbios de cantidad e intensidad se refieren a una cantidad en relación al desarrollo de una acción.

Estos son algunos de ellos:

apenas	algo	bastante
casi	cuanto	demasiado
más	menos	mitad
mucho	muy	nada
poco	sólo	tan
tanto	todo.	

1 Completa con adverbios de cantidad.

a) Ayer estudiamos _____. Vamos a descansar un poco ahora.

b) ¡No comas _____! Te va a doler la barriga.

c) Bueno, ya trabajamos _____.

d) Necesitamos ejercitarnos _____ para ganar el torneo.

2 ¿GUSTA o GUSTAN? Completa las frases con la forma correcta del verbo GUSTAR.

a) A ti te _____ mucho las motos.

b) A mí no me _____ nada el inglés.

c) A nosotros nos _____ el feriado del día de la hispanidad.

d) A vosotros os _____ muchísimo las películas norteamericanas.

¡Lengua!

Gustos y preferencias

¿Qué prefieres hacer los fines de semana?

¿Leer?

- novelas
- libros de aventura
- cuentos
- libros de crónicas
- revistas semanales
- revistas del corazón
- historietas
- diarios

¿Ver películas?

- ciencia/ficción
- romántica
- comedia
- aventura
- dibujo animado
- drama

¿Ver eventos deportivos?

- tenis
- fútbol
- baloncesto
- voleibol
- atletismo
- *skate*
- gimnasia
- automovilismo
- motociclismo
- natación

También podemos:

- Pasear en un parque.
- Andar en bici.
- Ir al teatro.
- Ir al *ballet*.
- Ir a la casa de amigos o parientes.
- Recibir amigos o parientes en casa.
- Viajar al campo o a la playa.
- Ir a una fiesta.
- Descansar en casa.

 ¡Practiquemos!

 1 **Las preferencias de la gente.** Haz una encuesta con tus parientes y amigos y escribe en tu cuaderno sobre sus gustos. Escribe algo acerca de por lo menos 6 personas conocidas.

CAPÍTULO 3

Bolígrafo en mano

1 Escribe acerca de un lugar o cosa que te guste y otro que no te guste. Explica por qué, usando los adjetivos de la caja.

lindo(a), agradable, fresco(a), húmedo(a), seco(a), divertido(a), barato(a), cercano(a), alegre, largo(a), entretenido(a), fácil, nuevo(a), moderno(a), antiguo(a)

feo(a), desagradable, fresco(a), aburrido(a), antiguo(a), moderno(a), triste, caro(a), lejos, corto(a), cansador/ cansadora, complicado(a)

a) Me gusta _____

porque es _____

b) No me gusta _____

porque es _____

2 Escribe sobre lo que menos te gusta hacer y fundamenta el porqué.

_____

_____

PARA AYUDARTE

cansador/ cansadora   agotador / agotadora

PARA AYUDARTE

Nada que ver

español	portugués
largo	comprido

Casi igual

- Así como en portugués, el español utiliza muchas palabras extranjeras. Ejemplos: *pizza*, *ballet*, *bluetooth*, *shopping* etc.

La samba (palabra masculina) es un ritmo de la música popular brasileña. La zamba (palabra femenina) es un ritmo folclórico argentino y chileno con orígenes afroperuanos.

A escuchar

1) Es domingo por la tarde. ¿Quién va a la casa de Sofía? ¿Qué van a hacer los amigos de Sofía?

a) Mario

- Va a jugar al videojuego con Sofía. ◯
- Va a hacer el trabajo de geografía. ◯

b) Mechi

- Va al cine con sus padres. ◯
- Va a hacer el trabajo de matemáticas. ◯

c) Mari

- Va a la casa de Sofía a hacer una torta de chocolate. ◯
- Va a ayudar a su madre en las tareas de la casa. ◯

2) Responde V para verdadero y F para falso según corresponda.

◯ Mario no va a jugar a casa de Sofía porque tiene examen de inglés.

◯ Mechi no puede ir a casa de Sofía.

◯ Sofía está buscando a alguien para poder jugar voleibol.

◯ Mari está muy interesada en jugar al videojuego.

◯ La madre de Sofía las ayudará a hacer una torta de chocolate.

3) Ordena las frases.

◯ Sofía intenta convencer a Mari diciéndole que pueden hacer una torta de chocolate juntas, con la ayuda de su madre.

◯ Sofía quiere invitar a algún amigo a su casa para jugar al videojuego.

◯ Sofía llama a Mechi, pero ella saldrá con sus padres y no puede ir.

◯ Después de pedirle permiso a su madre, Mari acepta la invitación de Sofía.

◯ Sofía llama a Mari que le comenta que está hambrienta.

◯ Sofía llama a Mario pero él no puede porque debe estudiar.

¡Practiquemos!

1 ¿Quieres venir a mi casa? ¿Qué crees que responderán los personajes de las siguientes imágenes? Crea respuestas según las indicaciones.

_____

_____

Respuestas positivas	Respuestas negativas
Me encantaría.	Lo lamento, pero no puedo.
Con mucho gusto.	Me gustaría, pero tengo otro compromiso.
Sí, quiero.	No tengo cómo ir.
Bueno.	Estoy enferma.

a)

— Hola, Mari ¿Quieres venir a mi casa a jugar al videojuego?

c)

— Ana, ¿Vamos a jugar en el parque hoy?

b)

— Hola, Marta, ¿Puedes acompañarme a las bodas de Miguel?

d)

— Hola, Pedro ¿Quieres venir a mi casa hoy? Haremos un asado.

 ¡A jugar!

 1 Juego de palabras cruzadas. A partir de las indicaciones, completa los huecos.

Horizontal
2. Nombre de uno de los personajes del audio del capítulo 1.
4. Su profesión es cantar.
5. Música típica de un lugar.
7. Tipo de lectura como Mónica o Cebollita.
8. La ciencia que estudia cantidades y formas. Tiene varias divisiones: álgebra, aritmética, geometría, entre otras.

Vertical
1. Lo contrario de barato.
3. Se puede escuchar en diversos tipos de aparatos como el teléfono celular.
6. Pronombre personal plural, 1ª persona.
9. Es derivado del cacao.

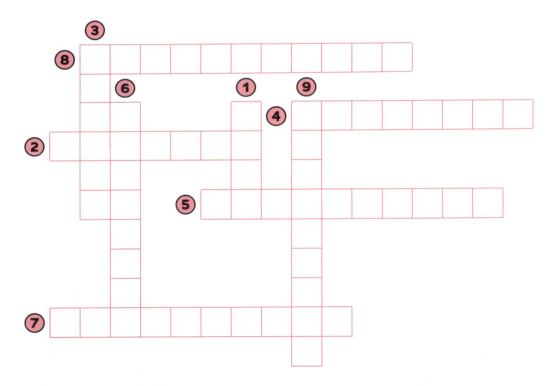

Atando cabos

¿QUÉ ES TENER BUEN GUSTO?

Admiramos a personas por su forma de vestir, de decorar... ¡Tienen tan buen gusto!, pensamos. ¿De qué depende? [...]

Lo que se percibe de buen gusto en Occidente puede ser percibido como de mal gusto en Oriente; lo que está perfectamente alineado con un determinado estilo de vida puede estar reñido con otros: *mods* frente a rockeros, *bombshells* frente a *look* andrógino, entre otros" [...]

[...]

Cuestión de educación

Carlos Fajardo admite que los gustos pueden ser variados y que la educación tiene mucho que ver en la autonomía de cada persona para elegir y configurar su gusto. Pero advierte que, en la actual cultura de masificación y globalización, "la estructura social, la educación y la formación estandarizada provocan que se formen ciertos gustos estandarizados: sólo gusta cierta música, ciertos programas de televisión, ciertas prendas, porque la gente no tiene la oportunidad de comparar; no se les educa en la diversidad de posibilidades de gusto, en una pluralidad de universos culturales, si no en el gusto a los objetos de consumo, a lo que impacta, a lo **escandaloso**". [...]

[...]

Disponible en: www.lavanguardia.com/estilos-de vida/20120615/54312134275/que-es-tener-buen-gusto.html. Acceso en: 22 abr. 2019.

EN EQUIPO

1. En equipos discutan sobre la personalidad de cada integrante, ¿cómo se autodefinen? ¿Y cómo lo ven sus compañeros? ¿A qué dedican su tiempo? ¿Qué profesión les gustaría tener? Luego de responder a estas preguntas y discutir sobre el tema, vean si las conclusiones a las que llegaron coinciden con la información del texto.

AHORA TE TOCA A TI

1) Ordena los elementos, conjuga el verbo GUSTAR e incluye lo que sea necesario para que las frases tengan sentido lógico.

a) gustar / nos / la literatura latinoamericana / a / nosotros

_____
_____

b) Ana / las películas de Almodóvar / mucho / le / gustar / a

_____
_____

c) nada / gustar / Carlos y Augusto / el fútbol / a / no / les

_____
_____

2) ¿Qué tanto te gustan las siguientes cosas? Completa según tu apreciación personal. Usa los adverbios de cantidad o intensidad de la siguiente caja.

apenas	casi	más	mucho	poco	todo
algo	cuanto	menos	muy	solo	
bastante	demasiado	mitad	nada	tanto	

a) Los deportes

_____

b) Las matemáticas

_____

c) La gastronomía

_____

d) Caminar

_____

3 Aquí tienes una lista de invitaciones rechazadas. En algunos diálogos, la persona que responde es muy maleducada. Identifica cuáles son estas situaciones y propón otra respuesta.

a) – Hola, Clarissa ¿Quieres ir a mi casa mañana para estudiar juntas para el examen de matemáticas?
– Si no me vas a ofrecer nada de comida, no voy. Yo solo estudio en casas donde haya comida.

_____
_____

b) – Renato, ¿qué te parece si almorzamos juntos el sábado?
– Me encantaría, Gabriela. ¿Dónde nos encontramos?

_____
_____

c) – Gilberto, ¿qué tal si vamos al cine mañana?
– ¿Tú no tienes más amigos? Siempre me llamas a mí para acompañarte a todas partes.

_____

d) – Ana Julia, nunca me invitas a tu casa, ¿acaso no soy bienvenida?
– No, no, ¿cómo crees? Es que en las últimas semanas he estado muy ocupada con el trabajo y la universidad. Te prometo que al terminar los exámenes hacemos una cena en mi casa.

_____
_____

e) – ¿Quieres hacer el trabajo de historia conmigo? Imagino que no, siempre le dices que no a todo el mundo.
– Lo siento, pero no. Es que no veo a ningún grupo que tenga la misma capacidad intelectual que yo, es por eso que siempre trabajo sola.

_____
_____

UNIDAD 6

¿CON QUÉ ROPA VOY?

||| EN ESTA UNIDAD |||

- Saldremos de compras.
- Aprenderemos a agendar encuentros.
- Haremos invitaciones.
- Conoceremos los adverbios de tiempo.
- Daremos opiniones.
- Conoceremos la perífrasis **ir + a + infinitivo**.
- Hablaremos de colores, tallas, modelos; ropas, calzados y accesorios.
- Conoceremos el modo indicativo condicional.

PARA AYUDARTE

- librería
- tienda de regalos
- museo
- panadería
- restaurante
- teatro
- biblioteca
- peluquería
- cine
- plaza
- quiosco

- ¿No es muy tarde ya?
- Solo hasta las once de la noche.
- ¿Te gustan las fiestas?
- Vamos enseguida.
- Volvemos inmediatamente.
- Las empanadas llegaron pronto.
- Retorné recién la semana pasada.

||| ¡Prepárate! |||

 1 Malena les hace una invitación a sus amigos. Vamos a ver de qué invitación se trata. ¿Qué pasa en el diálogo?

Malena: Chicos, como saben, mi cumpleaños es el próximo viernes.

Carlos: Sí, ya lo sabemos.

Malena: Este sábado por la tarde voy a hacer una fiestita en mi casa. Solo una torta para no pasar en blanco. Me gustaría tener a todos mis amigos presentes.

Julieta: Buenísimo. ¿A qué hora?

Malena: A eso de las 6 de la tarde. ¿Está bien?

Carlos: ¿No es muy temprano?

Malena: Es para que tengamos tiempo de jugar antes y después de la torta.

Julieta: ¿Llevamos algo?

Malena: No es necesario. Una tía y mi abuela van a hacer la torta y unos sándwiches.

Helena: ¿Hasta qué horas nos quedaríamos en tu casa?

Malena: Hasta la medianoche.

Helena: Pronto será mi cumple también...

Malena: Ya sé ... bueno, nos vemos mañana, ¡chau!

Todos: ¡Chau!

a) ¿Quién cumple años? ¿Y cuándo los cumple?

_____

b) ¿Qué día va a festejar el cumpleaños y cómo lo va a festejar?

_____

c) ¿A qué hora hay que llegar y hasta qué hora va la fiesta?

_____

d) ¿Los amigos tienen que llevar algo para la fiesta?

_____

e) ¿Quién va a preparar la comida?

_____

Adverbios de tiempo

Fíjate:
- ¿No es muy **temprano**?
- Bueno, nos vemos **mañana**.

Los adverbios de tiempo responden a la pregunta **cuándo**, e indican el momento en el que ocurre una acción. Mira la siguiente lista:

ahora	temprano	posteriormente	momentáneamente
luego	todavía	cuándo / cuando	antiguamente
después	aún	simultáneamente	contemporáneamente
antes	siempre	recientemente	eternamente
hoy	mientras	frecuentemente	actualmente
mañana	nunca	asiduamente	puntualmente
ayer	jamás	inicialmente	normalmente
anoche	ya	finalmente	
pronto	inmediatamente	primeramente	
tarde	anteriormente	ocasionalmente	

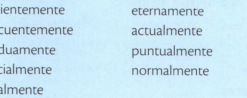

 Pon las siguientes palabras en el orden correcto y forma frases con adverbios de tiempo.

a) van a llegar/las empanadas/pronto

_____

b) va a trabajar/hoy Raquel/temprano

_____

c) no tengo/no, todavía/la correspondencia

_____

d) abre siempre/la empleada/a las 9 de la mañana

_____

e) mientras espero/voy a leer un poco/la consulta médica

_____

105

¡Lengua!

Perífrasis ir + a + infinitivo

Fíjate:
- Este sábado por la tarde **voy a hacer** una fiestita en mi casa.
- **Voy a leer** un poco mientras espero la consulta médica.

La perífrasis **ir + a + infinitivo** indica la idea de una acción que ocurrirá en un futuro inmediato. Otros ejemplos:

- Yo **voy a cenar** tarde.
- Tú **vas a ir** al teatro.
- Él **va a dormir** temprano.
- Nosotros **vamos a pasear**.
- ¿Vosotros **vais a dormir** ahora?
- Ellas **van a almorzar**.

Con los verbos reflexivos, el pronombre puede ir despues del verbo en infinitivo o antes del verbo **ir** conjugado en el tiempo que sea necesario. Mira los ejemplos.

- **Me** voy a bañar. / Voy a bañar**me**.
- María **se** va a duchar. / María va a duchar**se**.

1. **Completa con la forma correcta usando IR + A + INFINITIVO.**

   a) Mañana (ir, yo) _____ al cine con Jorge.

   b) ¿Qué (hacer, vosotras) _____ esta noche?

   c) Hoy (cenar, yo) _____ con Manuela.

2. **Haz preguntas a partir de los siguientes fragmentos y usa el tiempo futuro con IR + A + INFINITIVO.**

   a) Tú; practicar fútbol

   ¿_____ fútbol?

   b) Emilio; andar en bicicleta

   ¿ Emilio, _____?

   c) Carlos; tocar la guitarra

   ¿ Carlos, _____?

CAPÍTULO 2

A escuchar

1. **Escucha la conversación entre Helena y Julieta y subraya las palabras relacionadas a las compras que ellas harán.**

Helena: Hola, Juli, ¿qué tal?
Julieta: Hola, Helena. Bien, ¿y tú?
Helena: Bien. ¿Vas a regalarle algo a Malena?
Julieta: Sí, voy al centro comercial hoy por la tarde.
Helena: ¿Y si vamos juntas?
Julieta: Puede ser. ¿Nos encontramos en la puerta principal?
Helena: Sí, ¿a las 3?
Julieta: Vale.

En el centro comercial

Julieta: ¿Y si compramos una camiseta?
Helena: ¿Qué talle usa Malena? ¿Lo sabes?
Julieta: Debe ser 14. Es parecida a mí, ¿no?
Helena: Sí, puede ser. Esta azul es linda.
Julieta: Señorita, ¿qué colores tienen de este modelo?
Señorita: Rosado, lila, azul oscuro y celeste.
Julieta: Uf, a Malena solo le gusta el negro.
Helena: Gracias, señorita.
Señorita: De nada.

PARA AYUDARTE

Colores, tallas, calzados, ropas y accesorios
Colores

rosado — blanco — negro — lila
violeta — rojo — amarillo — marrón
verde — azul — gris — beige

Accesorios: anteojos / gafas · aretes / pendientes / aros / zarcillos · reloj · pulsera · collar · peineta (hebilla) · anillo

¡Practiquemos!

1 ¿Cómo te gusta vestirte? ¿Qué ropa usas normalmente? Conversa con tus compañeros sobre sus gustos y compáralos con los tuyos. Utiliza el vocabulario de los cuadros anteriores para ayudarte.

PARA AYUDARTE

Nada que ver

Español	Portugués
zapatilla	tênis (en portugués, **sapatilha** es un tipo de calzado usado en *ballet*).
bombacha	calcinha (en portugués, **bombachas** son los pantalones típicos de los *gaúchos*, personas que nacieron o viven en Río Grande del Sur, Brasil).

Bolígrafo en mano

 1 Observa los personajes de las siguientes fotos y describe qué ropas y accesorios llevan puestos.

a)

b)

c)

_____   _____   _____

_____   _____   _____

d)

e)

f)

_____
_____

_____
_____

_____
_____

g)

h)

i)

_____
_____

_____
_____

_____
_____

2 Cada uno con su estilo. Completa la ficha con tus preferencias.

Mis favoritos

De ropa: _____

De calzado: _____

De accesorio: _____

No me gusta nada: _____

Color: _____

Calzado: _____

El *look* perfecto: _____

El *look* nada que ver: _____

CAPÍTULO 3

¡A jugar!

1 ¿Cuál es el mensaje secreto? ¡Trabaja para resolver este misterio! Ordena las palabras y descubre el mensaje.

TEESISRV _____

SE _____

NUA _____

RAMFO _____

DE _____

XERSIPEÓN. _____

DEBSEMO _____

TAALESRERP. _____

_____

_____

2 ¿Vamos a jugar al "Veo Veo"? Lee y sigue las instrucciones del profesor.

El profesor le dice: "veo, veo"

Ustedes: "¿Qué ves?"

El profesor dice: "Una cosa…"

Ustedes: "¿Qué cosa?"

El profesor responde: "MARAVILLOSA."

Ustedes: "¿De qué color?"

El profesor dice: "De color blanco"

Ustedes: "¿Son los pantalones de María?"

El profesor responde: "No"

Ustedes: "¿Son los calcetines de Juan?"

El profesor dirá "No".

Hasta que después de algunos intentos un niño dé con la respuesta correcta. El niño que adivine empezará el juego de nuevo.

Modo indicativo condicional

- Me **gustaría** tener a todos mis amigos presentes.
- ¿Y hasta qué hora nos **quedaríamos** en tu casa?

El **modo indicativo condicional** tiene varios usos. En esta unidad veremos el uso como expresión de cortesía y de opinión. Los verbos en condicional como cortesía usados con más frecuencia son:

deber, decir, desear, gustar, importar, necesitar, poder, querer, tener que, etc.

Esos verbos se usan en diferentes contextos:

- consejo y sugerencia: **Deberías** estudiar más para tus pruebas.
- opinión: Yo **diría** que esto no está correcto.
- deseo: Me **gustaría** que me llamaras más a menudo.
- ruego o pedido: ¿Te **importaría** bajar el volumen de la música?

Hay varios modos de suavizar el efecto "fuerte" de un verbo, que puede ser una orden, un pedido o una solicitación más cortés:

- Compra el pan cuando vuelvas.
- Te ruego que me digas la verdad.
- ¿**Comprarías** el pan cuando vuelvas?
- Te **rogaría** (**pediría**) que me digas la verdad.

¡Practiquemos!

1 Usa el tiempo condicional para completar las frases.

a) ¿ _____ a mi cumpleaños el sábado? (venir)

b) ¿ _____ acompañarnos a cenar? (querer)

c) ¿Te _____ ir conmigo al concierto de violín? (gustar)

d) ¿Te _____ hablar conmigo un momento? (agradar)

1 ¿Quién es el ladrón? Descríbelo.

112

Atando cabos

LA DIVERSIDAD EN LA VESTIMENTA LATINOAMERICANA

La vestimenta es importante para una cultura, es parte de su identidad. Con la vestimenta típica de una persona, es fácil reconocer de donde es. Dentro de una cultura, la vestimenta puede decirnos mucho más, como clase social, estado civil, grupo étnico, nobleza, etc.

Trajes típicos de América Latina
En los países latinoamericanos, cada vez más utilizan la moda como modo de expresión cultural y como forma de preservar y promover estilos indígenas y artesanales. Es por ello que podemos observar en gran parte de la movida emergente del diseño latino, una cuantiosa variedad de telas, tejidos, bordados y texturas propias de la vestimenta indígena de diversas etnias locales y de países vecinos.

Colonización
No se puede hablar de un traje típico en América de manera uniforme, puesto que hay enormes variaciones si se habla de un traje tradicional en la parte centro y sur o si hay que referirse al norte del continente.
[...]

Mujeres
El primero es que antes del descubrimiento del continente había numerosas culturas que habitaban esos territorios, cada una de ellas con una manera particular de vestir, según la climatología o sus costumbres.
[...]

Culturas precolombinas
El traje típico de los hombres suele ser más austero, aunque eso no significa que no sea complementario en cuanto a colorido.
Por ejemplo, el poncho, un cuadrado de tela con una abertura en el centro para la cabeza, tiene su origen en las culturas indígenas de América Central y del Sur. La chaqueta bolero, una chaqueta corta históricamente hecha de seda, terciopelo o lana con detalles bordados y botones de plata, tiene sus orígenes en la chaqueta a la cintura usada por los pastores de ganado.

Mujer de la etnia otomi.

Disponible en: https://prezi.com/4mwu23enakwm/la-diversidad-en-la-vestimenta-latinoamericana/. Acceso en: 8 mayo 2019.

AHORA TE TOCA A TI

1) Pon las siguientes palabras en el orden correcto para formar frases con adverbios de tiempo.

a) a volver/parece que no van/nunca más

_____

b) curso de música en el club/simultáneamente al/estudia inglés

_____

_____

c) vuelve/después/recién una semana

_____

d) Montevideo y Buenos Aires/viajan a/constantemente

_____

_____

e) las luces/automáticamente/se apagan

_____

2) Completa con la forma correcta usando IR + A + INFINITIVO.

a) El sábado próximo (ver, nosotros) _____ la presentación de *ballet*.

b) Hoy por la noche (visitar, yo) _____ a mi tía Juanita.

c) Mañana, Julia (conocer, ella) _____ a su nuevo profesor.

d) (pintar, vosotros) ¿_____ la fachada de la escuela?

e) No me digas que (volver, tú) _____ a estudiar teatro.

3) Señala el adverbio de tiempo dentro de las oraciones que lo contengan.

a) Quiero que saltes deprisa.
b) Volví ayer después de unas largas vacaciones.
c) Lo hizo según se le ordenó.
d) Hablaremos después.

114

e) Habla claro.

f) Estaré contigo enseguida, discúlpame, por favor.

4) Completa las oraciones utilizando las frases de la caja:

> va a trabajar   voy a tomar
> vais a comer   van a jugar

a) Alberto _____ con uniforme.

b) Los chicos _____ tenis los domingos.

c) En las vacaciones yo _____ sol a Cuba.

d) ¿Vosotros _____ todo ese pollo?

5) Forma preguntas completas a partir de los siguientes fragmentos y usa el tiempo futuro con IR + A + INFINITIVO.

a) Alicia; descansar

¿Alicia, _____?

b) Clara; hacer gimnasia

¿Clara, _____?

c) Nosotros; hablar por teléfono

¿Vamos _____ por teléfono?

d) José; jugar fútbol americano

¿José, _____ americano?

6) Usa el tiempo condicional para completar las frases.

a) ¿_____ el texto de otro modo? (hacer)

b) ¿Te _____ oír otra música? (agradar)

c) ¿_____ al cine con nosotras? (venir)

d) ¿_____ tus padres viajar con los míos a la playa? (querer)

e) ¿_____ a la biblioteca con nosotros? (ir)

¡NO TE OLVIDES!

Condicional
Todas las terminaciones

verbo en infinitivo + ía	yo
verbo en infinitivo + ías	tú
verbo en infinitivo + ía	él / ella / usted
verbo en infinitivo + íamos	nosotros
verbo en infinitivo + íais	vosotros
verbo en infinitivo + ían	ellos / ellas / ustedes

Tallas
- pequeño
- mediano
- grande
- extra grande

Vestimenta

Colores
- dorado
- beige
- lila
- amarillo
- rojo
- verde
- gris
- plateado
- blanco
- negro
- naranja
- azul
- rosado
- marrón
- violeta

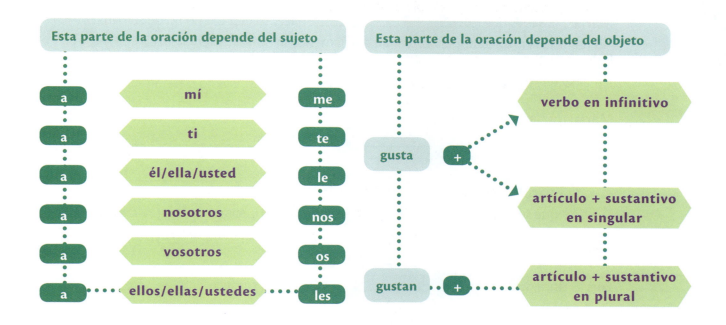

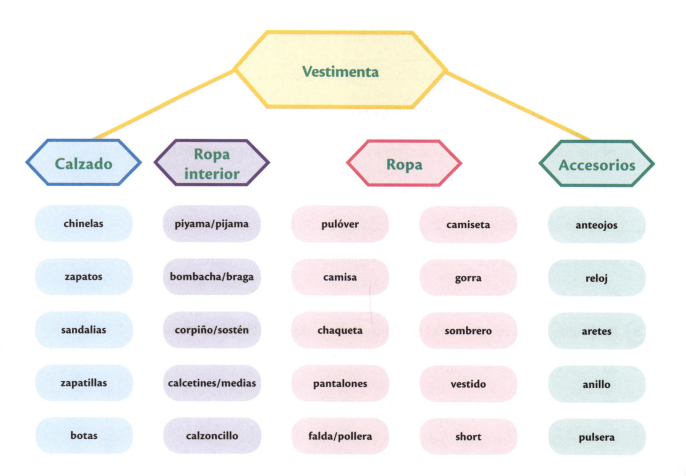

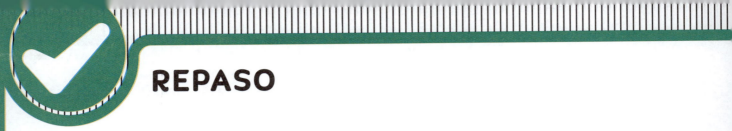

REPASO

1 Escribe la forma correcta del futuro cercano.

María: ¿Ya sabes qué _____ hacer tú el próximo fin de semana?

Luis: Creo que yo me _____ quedar aquí porque tengo mucho que hacer y estudiar.

María: ¡Tú siempre trabajas mucho!

Luis: Esta vez no, yo _____ ir a visitar a mis padres. Ya se lo he dicho por teléfono. El sábado por la noche, Juan y yo _____ salir juntos porque se lo he prometido.

María: ¿Y el domingo?

Luis: El domingo yo me _____ levantar tarde y _____ descansar todo el día.

María: ¿Te _____ quedar en casa todo el día?

Luis: Por la tarde, yo _____ dar un paseo por el bosque. ¿Quieres venir conmigo?

2 Completa las frases conjugando los verbos entre paréntesis en el tiempo condicional.

a) ¿Le _____ (importar) traerme un poco más de pan?

b) Me _____ (gustar) dar la vuelta al mundo.

c) Si fuéramos ricos, _____ (ir, nosotros) a Acapulco.

d) Nos _____ (encantar) poder ir con vosotros.

e) Si tuviera más tiempo libre, _____ (estudiar, yo) rumano.

3 Responde en tu cuaderno las siguientes preguntas relacionadas a música.

a) ¿Cuál es tu estilo musical favorito?

b) ¿Cuál es tu cantante favorito?

c) ¿Tocas algún instrumento musical? ¿Cuál?

4 ¿Qué responderías en estos casos? ¿Aceptarías o rechazarías la invitación?

a) ¿Vamos al cine? Ya varios del grupo confirmaron su presencia. ¿Te gustaría ir?

_____

b) ¿Qué te parece si vamos al estadio a ver a nuestro equipo jugar?

_____

c) Mañana es el concierto de la banda de *heavy metal*. ¿Me acompañas?

_____

5 Conjuga los verbos en la primera persona del condicional y completa el crucigrama.

Horizontal
3. jugar
6. estudiar
7. practicar
8. hablar

Vertical
1. comer
2. hacer
4. ganar
5. visitar

DESAFÍO

UFPB – Universidade Federal da Paraíba (2001 – 1ª série)

Hace algunas décadas, era fácil ver sus jugueteos en las orillas de ríos o canales. Por entonces, el huillín o nutria de río habitaba entre Rancagua y Tierra del Fuego. Hoy, con suerte, puede encontrarse a este mustélido, el más grande de Chile, en poblaciones aisladas y dispersas. Los últimos 50 años fueron claves en este sentido. La construcción de represas, la contaminación y la caza ilegal son las principales razones para que el huillín sea el mamífero acuático con más posibilidades de extinguirse en Chile. El año pasado la Unión Internacional para la Conservación de la Naturaleza (UINC) lo declaró en "extremo peligro".

(Qué Pasa, enero 2000)

1 Enumere las ideas según el orden en que aparecen en el texto:

- ( ) Hoy día, el huillín sólo puede ser encontrado en algunas regiones.
- ( ) La caza ilegal es una de las razones de la posible extinción del huillín.
- ( ) El huillín era un animal que podía ser visto en muchas zonas acuáticas de Chile.
- ( ) El huillín fue reconocido internacionalmente como en peligro de extinción.

La secuencia correcta es:

a) 1,2,3,4

b) 2,1,4,3

c) 3,2,1,4

d) 4,3,1,2

e) 2,3,1,4

2 Lea las frases que siguen acerca del huillín:

I. Puede ser llamado también de nutria de río.

II. Es un animal muy peligroso.

III. Es un animal juguetón.

De acuerdo con el texto, es correcta sólo la opción:

a) I

b) II

c) III

d) I y III

e) II y III

3) Complete la siguiente frase con el artículo correcto:

_____ huillín puede ser fácilmente encontrado en _____ agua, pero no en _____ árboles. La secuencia correcta es:

a) el / el / los

b) lo / el / las

c) lo / la / los

d) el / la / las

e) el / lo / las

4) Completa las frases que tienen la perífrasis IR + A + verbo entre paréntesis con el verbo en futuro imperfecto.

¿A qué hora (vas a ir) **irás** a la escuela hoy?

a) Los niños (van a visitar) _____ a los abuelos mañana.

b) Ella (va a estudiar) _____ toda la noche.

c) Nosotros (vamos a pasear) _____ por la avenida más tarde.

d) Yo (voy a trabajar) _____ solo hasta el mes que viene.

e) Nosotros no (vamos a soportar) _____ más ese comportamiento.

f) Ellas no (van a volver) _____ más a esa peluquería.

g) Mis padres (ir a + visitar) _____ a un amigo el sábado a la noche.

UNIDAD 7
CUIDADOS

||| EN ESTA UNIDAD |||

- Hablaremos de higiene y cuidados con el cuerpo.
- Estudiaremos el gerundio.
- Aprenderemos más verbos reflexivos.
- Conoceremos tipos de comercios.
- Escribiremos resúmenes turísticos.
- Leeremos algunos artículos de la Declaración Universal de Derechos Humanos.

1 ¿Te cuidas lo suficiente? ¿Cuánto tiempo le dedicas diariamente a la higiene personal? ¿Sabes cómo son las costumbres respecto al baño en otras culturas? Coméntalo con tus compañeros.

Actividad oral

||| ¡Prepárate! |||

1 ¿Qué pasa en el texto?

¿Sabías que tu cabello crece alrededor de 1,3 centímetro por mes?

¡Eso quiere decir que crece casi 15 centímetros al año! Pero, por supuesto, eso es por término medio, y depende de cada persona. Pero hay algo que es un hecho seguro: el pelo crece más despacio conforme aumenta la edad. Así que no tengas miedo de intentar nuevos cortes mientras eres joven. Y hablando de cabello, hay cerca de 100 mil pelos en una cabellera sana y, aunque se pierdan alrededor de 100 pelos cada día, cada pelo que queda debe durar de uno a seis años.

Conforme van creciendo nuevos pelos, estos se unen a los que existen ya. Así que no es ningún problema perder algunos pelos hoy porque van a crecer otros muy pronto.

Mauricio de Sousa. *Mónica y su pandilla n. 34*. São Paulo: Panini Comics, 2012. p. 64.

a) ¿Tu pelo crece mucho?

_____

b) ¿El cabello de las personas crece del mismo modo? Vamos a hablar un poco sobre ese asunto.

_____

Cebollita

c) ¿Te gusta el pelo de Cebollita? ¿Te parece que a él le gusta? Justifica tu respuesta.

_____

_____

d) Según el texto, ¿cuánto crece el cabello de las personas?

_____

_____

e) A medida que aumenta la edad, ¿el pelo crece más despacio o más rápido?

_____

_____

f) ¿Cuántos pelos hay en una cabellera?

_____

_____

g) ¿Cuántos pelos se pierden en un día?

_____

_____

2) ¿Qué pasa en la historieta?

a) ¿Dónde está Cebollita en el primer cuadro?

_____

b) ¿Qué quiere Cebollita?

- ◯ Un corte de pelo posible.
- ◯ Un corte de pelo imposible.

c) ¿Adónde lo manda el peluquero?

_____

3) ¿Qué te pasa?

Actividad oral

a) ¿Cómo tienes el pelo?

b) ¿Te gusta tu pelo?

c) ¿Te parece importante arreglarse el pelo?

d) ¿Qué cuidados tomas con el cabello?

e) ¿Alguna vez te cortaron el pelo y el corte quedó mal?

f) ¿Qué cambio radical te harías en el cabello? ¿Por qué?

Gerundio

Fíjate:

A medida que van **creciendo** menos pelos […]

Y hablando de cabellos […]

El gerundio se usa para hablar de alguna acción larga, que ocurre en un tiempo determinado en el cual el sujeto está.

Se forma agregando **-ando** e **-iendo** a los verbos. En general va acompañado del verbo **estar**.

Mira otros ejemplos:

En este siglo **estamos viviendo** la era tecnológica.

El pelo de mi abuelo no **está creciendo** más en los últimos años.

María no puede jugar con nosotros. **Está estudiando** para la prueba.

1 Usa la forma ESTAR + gerundio para completar las frases.

a) (Ellos / escribir) _____ un mensaje a sus padres.

b) (Nosotros / leer) _____ un libro muy interesante.

c) (Impersonal / llover) _____ hace una semana.

d) ¿Por qué (Uds. / vender) _____ el apartamento?

e) ¿A qué se (Ud. / referir) _____?

f) ¿Dónde (tú / vivir) _____ últimamente?

g) ¿(Vosotros / descansar) _____?

h) (Yo / terminar) _____ de escribir una carta a mi padre.

i) ¿En qué (Ud./pensar) _____?

2 ¿Qué se están haciendo estas personas en el pelo? Completa con los verbos.

A. Estoy _____ el pelo.
B. Nosotros estamos _____ el pelo.
C. Él está _____ el pelo a cero.
D. Ella está _____
E. Vosotras estáis _____ el pelo.
F. ¿Tú estás _____ el pelo?

¡Lengua!

Gerundio

Ejemplos de conjugación

Yo estoy cortándome	Yo estoy peinándome
Tú estás cortándote	Tú estás peinándote
Él/ella/usted está cortándose	Él/ella/usted está peinándose
Nosotros estamos cortándonos	Nosotros estamos peinándonos
Vosotros estáis cortándoos	Vosotros estáis peinándoos
Ellos/ellas/ustedes están cortándose	Ellos/ellas/ustedes están peinándose

CAPÍTULO 2

Soy ciudadano

1 ¿Qué otros cuidados debemos tener con nuestra higiene y bienestar? Lee los textos y discute con tus compañeros.

¿POR QUÉ ES IMPORTANTE BAÑARSE?

El baño diario es una parte fundamental del aseo personal de cualquier persona sin importar su edad; es por ello que tal práctica debe asegurarse como una rutina obligatoria. La piel y el cabello son barreras de protección contra el medio ambiente que absorben impurezas y gérmenes que pueden infectar el cuerpo a través de cualquier raspón o herida. El baño sirve para eliminar células muertas, así como secreciones de las glándulas sebáceas y sudoríparas. La limpieza de la piel y los genitales evita el mal olor. Es recomendable cambiarse la ropa después del baño, especialmente la ropa interior. Además de todas las ventajas de salud que reporta, el baño es una actividad relajante porque estimula la circulación sanguínea.

Disponible en: https://www.thedanioner.com/por-que-es-importante-banarse/. Acceso en: 12 jun. 2019.

¿POR QUÉ ES IMPORTANTE CEPILLARSE LOS DIENTES?

Una buena higiene bucal contribuye al bienestar general y evita molestias y enfermedades, es por ello que es importante que el cepillado de dientes se convierta en una rutina cotidiana al levantarse, acostarse y después de cada comida.

La principal razón para cepillarse los dientes inmediatamente después de comer es porque debemos eliminar la placa bacteriana que, si no se toca, se acumula y deteriora la superficie dental. Estas bacterias se encuentran constantemente en la boca, pero su acción nociva tiene lugar tras ingerir alimentos, ya que también se nutren de ellos, y al hacerlo generan ácidos que desgastan el esmalte. Además, el cepillado debe hacerse 30 minutos después de la comida como máximo, ya que después las bacterias ya habrán realizado su destructiva labor.

Disponible en: https://www.phb.es/importancia-de-un-buen-cepillado-dental/. Acceso en: 30 abr. 2019.

¿CUÁLES SON LAS CLAVES DE UN BUEN CEPILLADO DE DIENTES?

El cepillo de dientes debe de ser reemplazado con cierta periodicidad. Lo normal es cambiarlo cada 2 o 3 meses, o cuando estén desgastados los filamentos, para mantener su eficacia de limpieza.

El tamaño del cepillo debe de estar en función de la edad de la persona. No podemos pretender que un niño se cepille los dientes con un cepillo de adulto.

El mango del cepillo debe de ser ergonómico para facilitar el movimiento de cepillado y poder tener un mayor control sobre él.

Los extremos de los filamentos deben ser redondeados y texturizados para garantizar un cepillado suave y cuidadoso para que no dañen las encías.

El número de hileras de filamentos debe de ser entre 3 o 4 filas para proporcionar la máxima eficacia en la eliminación de placa bacteriana y mayor precisión en la limpieza interdental.

Disponible en: https://www.phb.es/importancia-de-un-buen-cepillado-dental/. Acceso en: 30 abr. 2019.

a) Ahora subraya todos los verbos reflexivos en el texto "¿Por qué es importante cepillarse los dientes?" y transcríbelos acá.

_____

_____

2 Completa las historietas con esos mismos verbos reflexivos.

a) ¿Qué estás haciendo?

Estoy _____
los dientes.

b) ¿Qué estás haciendo?

Estoy _____

129

A escuchar

Lucía: Teresa, ¿me acompañarías a la peluquería hoy por la tarde? Esa que está cerca de nuestras casas.

Teresa: Hoy no puedo. Los martes son los días en que mi mamá no trabaja por la tarde y en ese día hacemos todas las compras de la casa y tengo que ayudarla.

Lucía: Pero ¿las compras tardan toda la tarde?

Teresa: Es que vamos al supermercado, a la farmacia, a la carnicería, la panadería, la tintorería, la…

Lucía: Bueno, voy sola, ya lo entendí.

PARA AYUDARTE

Tipos de comercios

Alimentación

Carnicería	Comidas para llevar	Frutería
Verdulería	Pescadería	Dietética

Bares y restaurantes

Restaurante	Bar	Restobar	Cafetería

Restobar → Argentina, Chile, México, Perú y Uruguay – mezcla de restaurante y bar.

Coches, motos y bici

Gasolinera	Mecánica	Autoescuela	Lavauto

Lavauto → Argentina – centro de lavado en autoservicio o centro de lavado.

Salud

Centro de salud y recuperación	Farmacia	Psicología
	Clínica dental	

Hogar y decoración

Electrodomésticos	Carpintería	Droguería
Manualidades	Florería	Materiales de construcción

Ropa, complementos, estética

| Calzados, bolsos y complementos | Peluquería | Perfumería | Óptica |
| Centro de belleza | Joyería | Relojería |

Otros comercios

| Centro de enseñanza | Ciber | Clínica veterinaria |
| Papelería, librería, kiosco | Peluquería canina | |

Servicios

| Agencia de publicidad | Agencia de viajes | Alquiler de vehículos |
| Telefonía móvil | Inmobiliaria | |

 ¡Practiquemos!

1 ¿Qué negocios hay cerca de tu casa? Discute con tus compañeros sobre estos negocios. *Actividad oral*

2 Completa el texto que sigue con algunas de las palabras de la caja.

| mercado | boutique de animales |
| peluquería canina | veterinario |

Sarita y Eugenia fueron al _____ a comprar frutas y legumbres. Pero se acordaron de que necesitaban comprar comida para los perros y pasaron por la tienda de la _____, en la que inauguraron ahora una hermosa _____.

Aprovecharon para hacerle una consulta al _____. Es que Sultán, el perrito nuevo de la hermana de Eugenia, está comiendo muy poco para su tamaño.

PARA AYUDARTE

Los **pronombres**, cuando acompañan a los verbos en español, no van unidos a ellos con guiones como en portugués. Ellos forman nuevas palabras. Ejemplos:

Queremos **ayudarlos** en esta situación.

Quiero **decirles** que estamos muy contentos.

CAPÍTULO 3

A escuchar

1) Ana y Pablo tienen que ir a una fiesta y ya están listos. Y sus hijos, ¿también están listos? Escucha la conversación y responde qué está haciendo cada hijo.

a) Joaquín está _____.

- ○ listo
- ○ cepillándose los dientes
- ○ peinándose

b) Eugenia está _____.

- ○ lista
- ○ cepillándose los dientes
- ○ bañándose

c) Alfredo está _____.

- ○ cepillándose los dientes
- ○ bañándose
- ○ peinándose

d) Agustina está _____.

- ○ lista
- ○ bañándose
- ○ peinándose

2) Responde V para verdadero o F para falso según corresponda.

a) ○ Pablo no está listo y por eso le pregunta a Ana si ella lo está.

b) ○ Joaquín no está listo y le pide tiempo a su madre.

c) ○ Eugenia está casi lista, terminando de cepillarse los dientes.

d) ○ Ana está indignada porque Alfredo todavía está bañándose.

e) ○ Agustina está lista.

3) ¿Y cómo es en tu casa la situación a la hora de salir? ¿Quién suele estar listo primero? ¿Quién se tarda más? Conversa y discute con tus compañeros sobre la rutina de higiene en tu casa.

Actividad oral

Bolígrafo en mano

1 En esta unidad hemos aprendido los nombres de varios negocios. Elige tres lugares en tu ciudad y explica tu selección. Después, escribe un resumen turístico de estos lugares. Mira el ejemplo:

a) Selecciona los lugares:

1. Peluquería Europa
2. _____
3. _____
4. _____

b) ¿Por qué elegiste los lugares?

1. Porque es un servicio del que todos necesitan.
2. _____
3. _____
4. _____

c) Escribe los resúmenes turísticos

1 Peluquería Europa

Una peluquería única en Caballito, barrio de Buenos Aires. Es café, peluquería y museo, todo en un mismo lugar. Y con la figura única de Miguel Ángel Herrera, "El Conde", como es conocido en Caballito, cuya atención cálida y amable es el puntapié inicial para cualquier transeúnte que desee ingresar al lugar (no se cobra entrada) a tomar un café.

2

3

4

CAPÍTULO 4 — Soy ciudadano

DECLARACIÓN UNIVERSAL DE DERECHOS HUMANOS

[…]
La asamblea general proclama la presente DECLARACIÓN UNIVERSAL DE DERECHOS HUMANOS como ideal común por el que todos los pueblos y naciones deben esforzarse, a fin de que tanto los individuos como las instituciones, inspirándose constantemente en ella, promuevan, mediante la enseñanza y la educación, el respeto a estos derechos y libertades, y aseguren, por medidas progresivas de carácter nacional e internacional, su reconocimiento y aplicación universales y efectivos, tanto entre los pueblos de los Estados Miembros como entre los de los territorios colocados bajo su jurisdicción.

[…]

Artículo 22

Toda persona, como miembro de la sociedad, tiene derecho a la seguridad social, y a obtener, mediante el esfuerzo nacional y la cooperación internacional, habida cuenta de la organización y los recursos de cada Estado, la satisfacción de los derechos económicos, sociales y culturales, indispensables a su dignidad y al libre desarrollo de su personalidad.

[…]

Artículo 25

1. Toda persona tiene derecho a un nivel de vida adecuado que le asegure, así como a su familia, la salud y el bienestar, y en especial la alimentación, el vestido, la vivienda, la asistencia médica y los servicios sociales necesarios; tiene, asimismo, derecho a los seguros en caso de desempleo, enfermedad, invalidez, viudez, vejez u otros casos de pérdida de sus medios de subsistencia por circunstancias independientes de su voluntad.
2. La maternidad y la infancia tienen derecho a cuidados y asistencia especiales. Todos los niños, nacidos de matrimonio o fuera de matrimonio, tienen derecho a igual protección social.

Artículo 26

1. Toda persona tiene derecho a la educación. La educación debe ser gratuita, al menos en lo concerniente a la instrucción elemental y fundamental. La instrucción elemental será obligatoria. La instrucción técnica y profesional habrá de ser generalizada; el acceso a los estudios superiores será igual para todos, en función de los méritos respectivos.
2. La educación tendrá por objeto el pleno desarrollo de la personalidad humana y el fortalecimiento del respeto a los derechos humanos y a las libertades fundamentales; favorecerá la comprensión, la tolerancia y la amistad entre todas las naciones y todos los grupos étnicos o religiosos, y promoverá el desarrollo de las actividades de las Naciones Unidas para el mantenimiento de la paz.
3. Los padres tendrán derecho preferente a escoger el tipo de educación que habrá de darse a sus hijos.

Artículo 27

1. Toda persona tiene derecho a tomar parte libremente en la vida cultural de la comunidad, a gozar de las artes y a participar en el progreso científico y en los beneficios que de él resulten.
2. Toda persona tiene derecho a la protección de los intereses morales y materiales que le correspondan por razón de las producciones científicas, literarias o artísticas de que sea autora.

[...]

Naciones Unidas. Disponible en: www.un.org/es/documents/udhr/. Acceso en: 24 abr. 2019.

1 ¿De qué se trata la Declaración Universal de los Derechos Humanos?

_____
_____
_____
_____

2 ¿Cuáles son los derechos humanos que se encuentran en el texto a los que deben tener acceso todos los ciudadanos del mundo?

_____
_____
_____
_____
_____
_____

AHORA TE TOCA A TI

1 Escribe el gerundio de los siguientes verbos.

a) Vestirse (tú): _____.

b) Trabajar: _____.

c) Vivir: _____.

d) Establecer: _____.

e) Cepillarse (nosotros): _____.

f) Peinarse (vosotros): _____.

2 ¿Presente o gerundio? Conjuga los verbos en presente o en gerundio según corresponda.

a) María (jugar) _____ a las muñecas todos los días después de las clases.

b) (Estudiar) _____ más temprano, voy a tener más tiempo para jugar.

c) Tú (comer) _____ muy rápido.

d) Felipe está (conducir) _____ a 60 km por hora.

e) Están (tocar) _____ el timbre.

f) ¿Por qué no (abrir / tú) _____ la puerta?

   Porque estoy (vestirse / yo) _____.

3 ¿Adónde van estas personas? Marca con X la opción correcta.

a) Carmen, ya vengo, voy a comprar manzanas, peras y fresas que ya no hay en la nevera.

- ( ) Panadería
- ( ) Frutería
- ( ) Taller

b) Debo comprar unas cosas que me pidieron en la escuela: cartulina, tijeras, pega, no tengo nada de eso.

- ( ) Papelería
- ( ) Mercería
- ( ) Ferretería

c) Me voy a hacer un corte nuevo fantástico y Magdalena se va a hacer la manicure.

- ( ) Salón
- ( ) Perfumería
- ( ) Peluquería

d) Me toca llevar el coche a arreglar porque está haciendo unos ruidos muy extraños.

- ◯ Taller
- ◯ Oficina
- ◯ Tintorería

4) Responde las siguientes preguntas.

a) ¿Cómo llevas el pelo?

_____

b) ¿Cada cuánto tiempo te cortas el pelo?

_____

c) ¿Cómo es tu rutina de higiene personal?

_____

_____

_____

d) ¿A qué hora te gusta bañarte?

_____

e) ¿Cuántas veces al día te cepillas los dientes? ¿A qué horas?

_____

f) ¿Cuánto tiempo tardas para vestirte normalmente?

_____

5) Completa el texto con el gerundio de los verbos a continuación.

> presentir   limpiar   caer   alimentar   ver

Joana despertó en la mañana _____ que sería un gran día. Después de arreglarse se puso a desayunar. Al terminar su desayuno fue a la granja a ayudar a su papá que continuaba _____ a las gallinas. Luego llevó unos cubos llenos de leche fresca a la casa, donde su mamá estaba _____ los frascos para llevarlos a vender.

Al ir _____ la noche, ella se puso a disfrutar de un merecido descanso _____ su programa favorito en la tele.

UNIDAD 8
VACACIONES

||| EN ESTA UNIDAD |||

- Aprenderemos a planear paseos y viajes.
- Hablaremos del futuro simple o imperfecto.
- Estudiaremos los marcadores temporales de futuro.
- Conoceremos el calendario escolar de otros países.
- Hablaremos de la importancia del deporte.

1 ¿Qué haces en verano cuando no vas a la escuela? ¿Paseas? ¿Viajas?

2 ¿Qué te gustaría hacer en las próximas vacaciones?

3 Piensa en dos lugares, uno dentro y otro fuera de tu país. ¿Adónde irías? Luego de escoger estos dos lugares, escribe en tu cuaderno cómo debe ser la preparación para ambos viajes. No olvides mencionar qué cosas serán necesarias para viajar etc.

¡Prepárate!

1. Javier y Eugenia conversan sobre qué hacer en las vacaciones. ¿Ya pensaste sobre eso? Vamos a ver lo que ellos planean hacer. ¿Qué pasa en el diálogo?

Javier: Por fin es octubre.

Eugenia: ¿Y qué tiene de especial?

Javier: ¡Es el último bimestre escolar del año! Eso significa que estamos cerca de las vacaciones. ¡Me encantan las vacaciones!

Eugenia: La verdad es que yo me aburro en las vacaciones. No tengo vecinos de mi edad, mis abuelos no viven acá y la mayoría de mis conocidos viajará, seguro. O sea, me quedaré muy sola.

Javier: ¿Y tus padres?

Eugenia: Es que nunca tienen vacaciones junto con las vacaciones escolares.

Javier: Te voy a ayudar a planear unas vacaciones menos aburridas, ¿qué te parece?

Eugenia: Será muy buena tu ayuda, pero, ¿cómo harás eso?

Javier: Primero vamos a poner en una lista todo lo que puedes hacer sola y sin salir de tu casa. Veamos: leer, redecorar tu pieza, arreglar tus armarios, enseñar y cuidar a tu perro, crear un *blog*, hacer una lista de tus quehaceres para el año que viene, anotar a los parientes y amigos que no viajarán para arreglar fechas con ellos...

Eugenia: Con todo esto ya estoy más animada.

Javier: Pero esto no es todo. Sigamos.

a) ¿En qué mes del año están los personajes del diálogo?

_____

b) ¿Por qué no le gustan las vacaciones a Eugenia?

_____

_____

c) ¿Qué hacen los padres de Eugenia en las vacaciones escolares?
_____

d) ¿Qué ayuda le ofrece Javier a Eugenia?
_____

e) Describe las sugerencias de Javier.
_____
_____
_____

 2 ¿Qué te pasa? Charla con tu compañero acerca de las siguientes preguntas.

a) ¿Te gustan o te aburren las vacaciones?

b) ¿Tus padres tienen vacaciones en tu período de vacaciones escolares?

c) En general, ¿qué haces en este periodo?

d) ¿Ya sabes que harás en las próximas vacaciones?

Futuro simple o imperfecto

Fíjate:

- La mayoría de mis conocidos **viajarán**.

El **futuro simple** o **imperfecto** en español es muy parecido al portugués. Fíjate en las conjugaciones de algunos verbos.

	viajar	quedarse	ser	hacer
Yo	viajaré	me quedaré	seré	haré
Tú	viajarás	te quedarás	serás	harás
Él/ella/usted	viajará	se quedará	será	hará
Nosotros	viajaremos	nos quedaremos	seremos	haremos
Vosotros	viajaréis	os quedaréis	seréis	haréis
Ellos/ellas/ustedes	viajarán	se quedarán	serán	harán

¡Practiquemos!

1 Completa con los verbos en el futuro.

a) Yo _____ mis armarios en las próximas vacaciones. (arreglar)

c) Yo _____ con mi familia. (viajar)

b) Yo _____ hasta las once todos los días. (dormir)

d) Yo _____ un montón de nuevos libros. (leer)

2 Suelta la imaginación y planea en el cuaderno los primeros 10 días de unas vacaciones perfectas.

Algunas maneras de empezar tu texto:

El 1º de diciembre, yo…

El jueves, nosotros…

CAPÍTULO 2

Marcadores temporales de futuro

Fíjate:
- Él seguramente disfrutará sacando fotos a sus tíos y a los abuelitos con la nueva cámara y así, divirtiéndose bastante, se preparará mejor para las tareas del **año que viene**.
- Pedrito viajará con sus abuelos a la playa la **semana próxima** y está ansioso porque podrá probar la **máquina de fotos** que los padres le dieron de regalo.

Cuando utilizamos el futuro imperfecto podemos usar **marcadores temporales** como:

mañana	el año próximo	luego
más tarde	en algunas horas	después
la semana que viene	enseguida	pasado mañana

PARA AYUDARTE

Argentina: **cámara fotográfica**.

 ¡Practiquemos!

1) **Reescribe las siguientes frases con los verbos en el futuro imperfecto y también agrega marcadores temporales cuando sea posible.**

a) Jorge canta música latinoamericana en la fiesta.
_____
_____
_____
_____
_____

b) Vosotros estudiáis la lección todos los días.
_____

c) Julieta no le tiene miedo al frío si va a vivir al sur.
_____

d) Ellos aprenden con mucha facilidad si siguen estudiando.

_____

_____

e) Él ve televisión solo después de hacer las tareas.

_____

f) Usted come solamente lo necesario.

_____

2 Sigue el modelo y cambia la fórmula IR + verbo por el futuro imperfecto.

a) – ¿Quién crees que (va a ganar) ganará la Libertadores de América este año?

– Bueno, sé muy poco de futbol, pero pienso que _____ (va a tener que) tendrá que ganar.

b) – ¿Vas a volver mañana al trabajo?

– No sé si (voy a poder) _____, tengo mucha fiebre.

c) – Estoy contenta porque Pedro va a venir hoy.

– ¡No lo creo, (va a estar) _____ muy ocupado!

d) – ¿Sabes cuándo (van a volver) _____ tus padres a casa?

e) – Hoy vi a Juan muy enfermo. ¿(Vas a llevarlo) _____ al médico?

3 ¿Qué harán estos personajes en el futuro? Coloca la letra que corresponda en la segunda columna.

a) Anastasia tiene 17 años y está cursando el bachillerato.

b) Mimí tiene 38 años y es dueña de una tienda de ropa femenina.

c) Ricardo tiene 25 años y es recién graduado en informática.

d) Natacha tiene 13 años y está en la escuela primaria.

e) Rodolfo tiene 64 años y es dentista.

f) Enrique tiene 6 años y está en el último año de preescolar.

• ( ) Irá a un campamento en sus próximas vacaciones.

• ( ) Hará un postgrado en otro país.

• ( ) Se jubilará el año que viene.

• ( ) Probará una nueva colección para la próxima temporada de verano.

• ( ) Comenzará la escuela primaria dentro de unos meses.

• ( ) Intentará entrar a la universidad el próximo año.

A escuchar

1) La familia de Alba llega al hotel donde va a pasar las vacaciones. Marca el horario en el que se harán las actividades que siguen.

a) _____   e) _____

b) _____   f) _____

c) _____   g) _____

d) _____   h) _____

2) Escucha el audio otra vez y responde las preguntas.

a) ¿Cómo se llama el hotel donde la familia de Alba está?
_____

b) ¿Cuál es la opción para quien no le guste andar a caballo?
_____

c) ¿A qué horas se sirve la cena?
_____

3) ¿Y a ti? ¿Te gustaría estar hospedado en este hotel? ¿Por qué?
_____
_____

Bolígrafo en mano

1. Lee y discute el siguiente texto. Después, escribe en el cuaderno sobre los períodos de vacaciones en Brasil.

COTIDIANO

Así es el calendario escolar en otros países

La duración de las vacaciones de verano en la UE varía de las seis a las 13 semanas

[…]

El reparto de vacaciones escolares varía significativamente de un país a otro de la Unión Europea. Francia pasa por ser uno de los países con más vacaciones del mundo.

[…]

En un país tan descentralizado como Alemania, son los Estados federados los que organizan las vacaciones escolares, informa Luis Doncel. Pese a que algunos solo tienen cuatro o cinco tandas de descanso, la mayoría distribuyen los días festivos en seis periodos a lo largo de todo el año: vacaciones de otoño, de Navidad, de invierno, de Pascua, de Pentecostés y de verano.

[…]

En España, los escolares disfrutan de entre 10 y 11 semanas de vacaciones en verano, además de los conocidos paréntesis lectivos en Navidad y Semana Santa. El resto de vacaciones dependen de cada comunidad autónoma. Grecia reparte sus descansos escolares de forma parecida a España. Incluso el inicio y final del periodo lectivo son prácticamente coincidentes: se empieza la segunda semana de septiembre y se acaba mediado junio. Luego hay 15 días de descanso por Navidad, otras dos semanas entre finales de abril y principios de mayo y 12 más de paréntesis estival.

En Suiza, los escolares disponen de una semana de vacaciones cada dos meses y el inicio de las clases coincide con la primera semana de agosto.

[…] la duración de las vacaciones de verano varía significativamente de un Estado a otro: A partir de las seis semanas de algunos Estados federados de Alemania, los Países Bajos, el Reino Unido (Inglaterra y Gales), Suiza y Liechtenstein hasta 13 semanas en Lituania, Letonia, Italia, Portugal y Turquía. Las vacaciones de verano son generalmente más cortas en los países donde los estudiantes tienen vacaciones más frecuentes y más largas durante el año escolar.

[…]

El País, Madrid, 9 jun. 2016. Disponible en: https://elpais.com/politica/2016/06/08/actualidad/1465408050_006385. html. Acceso en: 30 abr. 2019.

PARA AYUDARTE

Nada que ver

Español	Portugués
brincar	pular
jugar	brincar
brinco	pulo
aro (pendiente)	brinco

Ejemplos:

Español	Portugués
El perrito estuvo **brincando** hasta alcanzar el árbol.	O cachorrinho ficou **pulando** até alcançar a árvore.
¿Vamos a **jugar** a las escondidas?	Vamos **brincar** de esconde-esconde?
Pedro dio un **brinco** con la bicicleta y se cayó al pavimento.	Pedro deu um **salto** com a bicicleta e caiu no asfalto.
Ana le regaló un par de **aros** a su hermana.	Ana presenteou sua irmã com um par de **brincos**.

¡Practiquemos!

1 ¿Qué actividades te gusta hacer durante las vacaciones? ¿Son diferentes durante el invierno y el verano?

2 ¿Cuáles vacaciones prefieres? ¿Las vacaciones de invierno o las de verano? ¿Por qué?

3 Lee los siguientes trabalenguas en español. Intenta leerlos cada vez más rápido.

a

Tres tigres trigaban trigo,
¿Qué tigre trigaba más?
tres tigres en un trigal.
Los tres igual.

b

Pablito clavó un clavito,
un clavito clavó Pablito.
¿Qué clase de clavito clavó Pablito?

Dominio público.

147

Bolígrafo en mano

1 Escríbele a un amigo o pariente que viva en otra ciudad, invitándolo a pasar las vacaciones contigo. Escribe todas las cosas que podrán hacer en este período.

```
Nova mensagem
Para:
Assunto:                                          Cc  Cco
                                                  Enviar
```

PARA AYUDARTE

Nada que ver

- Los acentos ^ y ~ no existen en español. En el caso de la **n**, el uso del acento transformó esa letra en otra: la **ñ**. Ejemplo:

Español	Portugués
¿Me **enseñas** a jugar al ajedrez?	Você me **ensina** a jogar xadrez?

- No existe en español el dígrafo **nh**. En español equivale a **ñ**. Ejemplo:

Español	Portugués
Es un chiquito muy **mañoso**.	É um menininho muito **manhoso**.

- El dígrafo **ss** y la letra **ç** no existen en español. Ejemplos:

Español	Portugués
Vamos a **pasar** el año nuevo en la playa.	Vamos **passar** o ano novo na praia.
Esse té tiene mucho **azúcar**.	Esse chá tem muito **açúcar**.

- El dígrafo **lh** no existe en español. En su lugar se usan **ll** ou **y**. Ejemplos:

Español	Portugués
Hay muchas **fallas** en la prueba.	Há muitas **falhas** na prova.
A mí me encantan los **payasos**.	Eu adoro os **palhaços**.

148

CAPÍTULO 4 — Atando cabos

EL DEPORTE NOS AYUDA A CRECER

Plan Barcelona Deporte en Edad Escolar

El deporte es un magnífico vehículo para el enriquecimiento personal y la transmisión de valores. El deporte nos hace únicos y nace en nosotros desde temprana edad, en los juegos infantiles, en las actividades físicas de aprendizaje y motricidad, y en la explosión de energía y socialización. El deporte cruza fronteras y ayuda a la cohesión social y a luchar contra la exclusión. Y es que, mediante la práctica de la actividad física, aprendemos el sentido del esfuerzo personal y el espíritu de superación para alcanzar retos, así como saber ganar y aceptar las derrotas, el compañerismo o ceder protagonismo en favor del grupo.

Por ese motivo, la actividad deportiva se convierte en imprescindible en la formación del individuo desde el principio, y la enseñanza del deporte y sus valores tiene que estar estrechamente vinculada a los planes de formación del colectivo de niños y adolescentes de cualquier comunidad.

[…]

Disponible en: http://www.bcn.cat/lesportensfamesgrans/es/deporte-nos-ayuda-a-crecer.html. Acceso en: 25 abr. 2019.

¿Qué trabajamos?

Compartir experiencias, trabajar el esfuerzo personal y el espíritu de superación para alcanzar retos, así como saber ganar y aceptar las derrotas, o ceder protagonismo en favor del grupo, son aspectos muy beneficiosos para el crecimiento personal y colectivo de niños y adolescentes.

El deporte es un magnífico vehículo para el enriquecimiento personal y como transmisor de muchos de estos valores.

[…]

Disponible en: http://www.bcn.cat/lesportensfamesgrans/es/que-trabajamos.html. Acceso en: 25 abr. 2019.

Cultura en acción

Los lenguajes de una cultura

Perú
Mario Vargas Llosa

Trópico de Capricornio

OCÉANO PACÍFICO

Chile
Isabel Allende

Bolivia
Gabriel René

Paraguay
Josefina Plá

OCÉANO ATLÁNTICO

Uruguay
Mario Benedetti

Argentina
Jorge Luis Borges

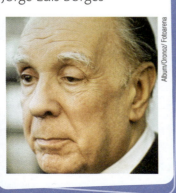

AHORA TE TOCA A TI

1) Marca con X la opción correcta.

a) Cuando haga frío _____ que usar abrigos.
- ◯ teré
- ◯ tendré
- ◯ tened

b) Los ministros _____ con el presidente esta semana.
- ◯ se reunirán
- ◯ se reuniram
- ◯ se reunierán

c) Nosotros _____ el próximo mes en Barcelona.
- ◯ nos casemos
- ◯ nos casábamos
- ◯ nos casaremos

d) Dentro de algunos años (vosotros) _____ los estudios.
- ◯ terminéis
- ◯ terminaréis
- ◯ terminaráis

e) Lo siento, pero no _____ acompañarte hoy al parque.
- ◯ podré
- ◯ poderé
- ◯ podrei

2) Coloca el marcador temporal adecuado en las siguientes frases.

a) Jaime dice que irá a la biblioteca (el fin de semana pasado / el próximo fin de semana / ayer) _____.

b) Se dice que el promedio de vida aumentará (en los próximos años / el año pasado / el año) _____.

c) (Anoche / Ya / Más tarde) _____ iré al cine con Lorena.

d) Yo diré el discurso de graduación (en mayo / ayer / por la tarde) _____.

e) Me marcho ahora, pero vendré (antes / después / ahora) _____ a buscarte.

3) Completa las oraciones conjugando correctamente los verbos en futuro imperfecto de indicativo.

a) Dicen que tus padres (venir) _____ a visitarte durante la semana de exámenes finales.

152

b) Creo que (recibir / tú) _____ buenas notas el próximo año escolar.

c) Nosotras (ver) _____ la película tan pronto comience a exhibirse en el cine.

d) El meteorólogo dijo que mañana (llover) _____.

e) Vuestra hermana dijo que (ponerse) _____ su vestido rojo.

f) Me parece que esta noche se (acostar / los muchachos) _____ tarde porque (estudiar) _____ mucho.

g) La estudiante dice que ella (hacer) _____ todo lo posible por salir bien en el siguiente examen.

4 Conjuga los verbos de la lista en futuro imperfecto de indicativo para descubrir la palabra oculta.

a) Alojar (usted): _____.

b) Pintar (yo): _____.

c) Tener (nosotros): _____.

d) Producir (tú): _____.

e) Venir (vosotros): _____.

f) Llevar (nosotras): _____.

g) Imitar (yo): _____.

h) Poner (él): _____.

i) Activar (ellas): _____.

j) Vivir (vosotras): _____.

i n d i c a t i v o

¡NO TE OLVIDES!

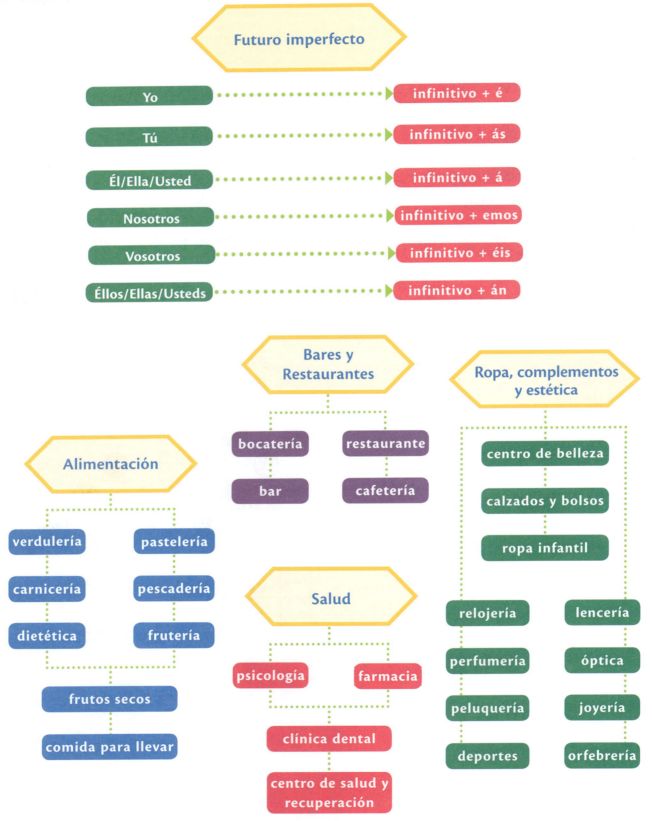

REPASO

1 Descubre el gerundio de los siguientes verbos y luego búscalos en la sopa de letras.

a) Seguir: _____

b) Pedir: _____

c) Practicar: _____

d) Ir: _____

e) Tener: _____

f) Hacer: _____

g) Vivir: _____

p	o	l	g	a	e	e	k	j	b	v	x	z	r	t
q	r	h	a	s	i	g	u	i	e	n	d	o	s	d
w	e	a	m	b	c	n	d	h	t	y	u	u	i	o
m	m	c	c	m	l	k	a	e	i	u	o	n	x	z
r	c	i	n	t	e	n	i	e	n	d	o	l	f	r
o	c	e	v	b	i	d	y	g	h	l	o	e	t	p
s	d	n	a	p	e	c	e	c	d	y	g	t	y	i
x	h	d	k	o	l	o	a	j	s	e	o	i	u	d
v	m	o	e	m	i	s	d	n	j	n	c	c	s	i
b	n	a	l	p	k	r	c	s	d	d	o	l	a	e
d	i	a	a	v	i	d	t	e	l	o	g	r	o	n
a	v	i	a	l	a	o	k	g	r	e	c	o	r	d
h	o	i	s	a	h	j	v	i	v	i	e	n	d	o
s	a	n	t	i	d	a	l	a	y	s	a	l	i	n

2 Completa las frases con la conjugación correcta de los siguientes verbos reflexivos. No te olvides de colocar el pronombre.

a) Nosotros (divertirse) _____ mucho cuando vamos al parque.

b) Los niños (acostarse) _____ a las nueve todas las noches.

c) Su amiga (arrepentirse) _____ de lo que le dijo a sus padres la semana pasada.

d) Yo (atreverse) _____ a subir las montañas aunque no tengo experiencia.

e) Ella siempre (quejarse) _____ de la comida que sirven en el restaurante nuevo.

f) Ellos (jactarse) _____ del partido que ganaron la semana pasada.

3 ¿Qué cosas te gusta hacer en tu tiempo libre? Escoge todas las opciones que quieras de las que están en la caja.

hacer compras	jugar en el club	pasear en el jardín botánico
visitar museos	nadar en un parque acuático	divertirse en el circo
ver obras de teatro	participar en cursos	viajar para la playa
practicar deportes	ir al parque de diversiones	viajar para la ciudad
hacer picnic en parques	ir al zoológico	viajar para el campo

_____
_____
_____
_____
_____
_____
_____
_____

Universidade Estadual de Londrina – Processo seletivo vestibular 2011

Leia a charge a seguir e responda às questões 1 e 2.

1 Com base nas informações apresentadas na charge, é correto afirmar:
  a) As personagens principais estão reivindicando mais vagas no mercado de trabalho.
  b) O mercado de trabalho apresenta maior oferta de emprego para as mulheres mais jovens.
  c) A reivindicação da mulher reflete que os afazeres domésticos e o cuidado com os filhos são tarefas árduas.
  d) O atual panorama de empregos reflete a compatibilidade entre colaboradores especializados e oferta de vagas.
  e) Há indícios, de acordo com a charge, de maior oferta de emprego para os homens do que para as mulheres.

2 Sobre a charge, considere as afirmativas a seguir.
  I. A charge sugere uma sociedade na qual o homem é responsável pela subsistência familiar e a mulher é encarregada das funções domésticas.
  II. A personagem feminina luta pelo reconhecimento dos direitos trabalhistas das empregadas domésticas.
  III. O objetivo da personagem feminina é destacar que o trabalho doméstico demanda esforço e dedicação, por isso exige descanso.
  IV. Ambas as personagens da charge estão insatisfeitas com as condições de trabalho.

  Assinale a alternativa correta.
  a) Somente as afirmativas I e II são corretas.
  b) Somente as afirmativas II e IV são corretas.
  c) Somente as afirmativas III e IV são corretas.
  d) Somente as afirmativas I, II e III são corretas.
  e) Somente as afirmativas I, III e IV são corretas.

Disponível em: www.cops.uel.br/vestibular/2011/provas/FASE2_E.PDF. Acesso em: jul. 2019.

GLOSARIO

a

A menudo: com frequência, frequentemente.
Abanico: leque.
Aburrirse: entediar-se, chatear-se.
Acorde: de acordo.
Acurrucarse: encolher-se, aconchegar-se.
Adornado: enfeitado, decorado.
Afición: *hobby*.
Agregar: adicionar, acrescentar.
Ahorrar: economizar.
Ajetrearse: atarefar-se, azafamar-se, sobrecarregar-se.
Alcantarilla: esgoto, bueiro.
Anchuroso: cheio, pleno, largo.
Angosta: estreita.
Atuendo: traje.
Aula: sala de aula.
Aunar: unir, juntar.

b

Bachillerato: ensino médio.
Balcón: sacada; varanda; balcão.
Basura: lixo.
Bolsillo: bolso.
Brinco: salto.
Buque: navio.

c

Caimán: jacaré.
Canasta: cesta, cesto.
Cancha: quadra de esportes.
Cautiverio: cativeiro.
Ceñir: cingir, rodear.
Cepillar: escovar os dentes, o cabelo.
Chabola: favela.
Chica: pequena; menina.
Chiste: piada, anedota.
Ciencia ficción: Ficção científica.
Clave: código, senha.
Cloaca: esgoto.
Cohesión: coesão, adesão.
Concertados: escolas público-privadas.
Constelación: constelação.
Copete: topete.
Coqueteo: paquera.
Crisis: crise.
Cuello: pescoço.
Cuero: couro.

d

Dedicarse: trabalhar com algo; dedicar-se.
Demasiado: muito, demais.
Desarrollar: desenvolver.
Desempleo: desemprego.
Desenvainar: desembainhar.
Despegar: decolar; desgrudar, descolar.
Dueño: dono, proprietário.

e

Eje: eixo.
Encía: gengiva.
Encuesta: enquete.
Enebro: zimbro, junípero.
Entrenamiento: treinamento.
Escoger: escolher, optar.
Escrúpulos: integridade de caráter.
Esparcimiento: espairecimento; difusão.
Espeluznante: assustador.
Euskera: basco.

f

Fastuoso: exuberante.
Firmado: assinado.
Friki: excêntrica.
Frotar: esfregar; atritar.
Fruslería: tolices, bugigangas.

h

Hambriento(a): faminto, esfomeado.
Hebilla: fivela.
Herencia: legado, herança.
Hilo: fio, linha.
Hogar: lar.
Huarache: tipo de sandália de couro.
Huso: fuso.

i

Intento: tentativa.
Invitar: convidar; pagar o consumo de outra pessoa.
Inagotable: inesgotável.

l

lejano: distante.
listo: pronto.

m

Mampostería: alvenaria.
Manejo: manuseio, jeito; direção.
Mantenimiento: manutenção, conservação.
Marchar: funcionar, andar.
Menear: mexer.
Mimbre: vime.
Mordedura: mordida.
Móvil: celular; móvel; motivo.
Muñeca: pulso; boneca.
Muslo: coxa; músculo.

o

Obsequiar: presentear; agradar, mimar.
Oler: cheirar.

p

Parisina: parisiense.
Parranda: farra, baderna, fuzuê.
Parvulário: jardim de infância, pré-escola.
Pasillo: corredor.
Película: filme, película.
Pelota: bola.
Periódico: regular, frequente; jornal.
Planchar: alisar, esticar; passar roupa; amassar, esmagar.
Prenda: qualidade, roupa.
Postgrado: pós-graduação.
Préstamo: empréstimo.
Promedio: média, meio, metade.
Pieza: habitación dormitorio;

q

Quehacer: afazer.
Quitar: tirar; tomar; diminuir; deixar.

r

Rasgo: traço, característica.
Raza: raça.
Reanudar: retomar, reiniciar.
Recurrir: recorrer, persistir.
Refuerzo: reforço, auxílio.
Regaço: regaço, colo.
Regresar: voltar, regressar; devolver.
Remitir: remeter, enviar, encaminhar.
Reñido: ser o oposto de; competitivo, concorrido.
Reto: desafio.
Ropero: guarda-roupa.
Rutinero: rotineiro, frequente.

s

Salvaguardar: proteger, defender.
Sobrecargar: sobrecarregar.

t

Talabartería: talabarteria, selaria.
Tarjeta de crédito: cartão de crédito.
Temprano: cedo.
Teñir: tingir, pintar.
Torta: bolo.

u

Ubicado: situado, localizado.
Una sarta de...: uma série de...

v

Vejez: velhice, ancianidade.
Ventaja: vantagem.
Veredicto: veredito.
Videojuego: videogame.
Viudez: viuvez.
Vivienda: moradia, habitação, domicílio.